FICHA CATALOGRÁFICA

(Preparada na Editora)

Friol, Conceição Elizabete Marcucci, 1955-

F95p *Perdoar e se Perdoar* / Conceição Elizabete Marcucci Friol. Araras, SP, IDE, 1ª edição, 2016.

320 p.

ISBN 978-85-7341-697-8

1. Romance 2. Espiritismo I. Título.

CDD-869.935
-133.9

Índices para catálogo sistemático

1. Romance: Século 21: Literatura brasileira 869.935
2. Espiritismo 133.9

PERDOAR E PERDOAR-SE

CONCEIÇÃO FRIOL
pelo Espírito MARACELIA

ISBN 978-85-7341-697-8
1ª edição - outubro/2016
1ª reimpressão - fevereiro/2017

Copyright © 2016,
Instituto de Difusão Espírita - IDE

Conselho Editorial:
Doralice Scanavini Volk
Orson Peter Carrara
Wilson Frungilo Júnior

Coordenação:
Jairo Lorenzeti

Revisão de texto:
Mariana Frungilo Paraluppi

Capa:
César França de Oliveira

Diagramação:
Maria Isabel Estéfano Rissi

INSTITUTO DE DIFUSÃO ESPÍRITA - IDE
Av. Otto Barreto, 1067 - Cx. Postal 110
CEP 13600-970 - Araras/SP - Brasil
Fone (19) 3543-2400
CNPJ 44.220.101/0001-43
Inscrição Estadual 182.010.405.118
www.ideeditora.com.br
editorial@ideeditora.com.br

Todos os direitos reservados. Nenhuma parte desta publicação pode ser reproduzida, armazenada ou transmitida, total ou parcialmente, por quaisquer métodos ou processos, sem autorização do detentor do copyright.

PERDOAR e PERDOAR-se

ide

Sumário

Perdoar e se Perdoar 9
1 11
2 23
3 37
4 47
5 59
6 69
7 79
8 89
9 99
10 115
11 125
12 137
13 147
14 161
15 171

16	183
17	197
18	207
19	221
20	229
21	239
22	251
23	261
24	271
25	283
26	293
27	301
28	307

Perdoar e se perdoar

Caros irmãos,

Quando a inveja, o ciúme e o ódio tomam conta de nossas vidas, é impossível a ajuda chegar até nós, pois esses sentimentos corroem o Espírito e deixam-nos totalmente vulneráveis aos irmãos das trevas, fazendo com que nos tornemos joguetes em suas mãos, e, sendo assim, quanto mais tentamos nos livrar, mais esses infelizes irmãos se dedicam em nos fazer descer às profundezas do inferno que existe dentro de nós.

O ciúme é o parceiro ideal da inveja. Ele nos corrompe, nos fadiga, nos abate, e faz com que nos tornemos pessoas de difícil convivência, pois, quando estamos envolvidos nesses hábitos, não sabemos mais quem somos, ou o que viemos fazer aqui, não enxergamos mais o que é certo ou errado. Somente a vontade de conseguir o que intentamos é que nos move, e levamos isso até o fim, mesmo sabendo que as consequências serão drásticas e doloridas, mesmo com a nossa mente, sempre alerta, avisando-nos e avisando-nos.

Mas é com Deus que vamos acertar nossos débitos e nossa inexperiência terrena. Ele é Pai poderoso e amoroso e não vai deixar que um só filho Seu se perca!

Todos terão o mesmo método para se reabilitar. Por diversas vezes, passaremos por situações não muito confortáveis, até que o hábito da inveja e do ciúme se desfaça totalmente, deixando-nos livres para o amor e a fraternidade entre os homens.

Irmãos, tomemos esta história como base para nos livrarmos de vez de tudo que nos faz mal, que nos destrói, e, assim, poderemos dar lugar a tudo aquilo que nos edifica para o bem.

Todas as feridas que cravamos em nossa alma têm de ser curadas nas experiências carnais, e, quando deixamos essas oportunidades passarem, as consequências serão sempre penosas e doloridas.

1

TUDO SEGUE TRANQUILO NUMA PEQUENA CIDADE DO interior, composta por pouco mais de cinquenta mil habitantes, gente simples, mas também com muitos donos de fortuna abastada.

Joaquim é um desses afortunados que vivem na cidade, homem humilde e de boa criação, casado com Cecília e pai de três filhos. O mais velho, Dalton, é possuidor de rara beleza masculina, alto, moreno, bem afeiçoado como dizem, e, além de simples, trabalha com o pai desde pequeno, nem estudou muito para poder ficar perto do mesmo e auxiliá-lo, enfim, é um rapaz educado, e todos o admiram. Com seus vinte e cinco anos, ainda não tem namorada e, embora seja um rapaz cobiçado pelas moças do local, está mesmo é preocupado com a família. Seu irmão caçula, Humberto, é motivo de preocupação, e sua irmã do meio, Laura, é um problema para os pais;

rebeldes, os irmãos mais jovens se revoltam com a adoração do pai pelo irmão e fazem de tudo para afastar os dois, inventando as mais intrigantes e desconexas histórias, para acabar com a suposta preferência que o pai lhe devota.

Na cidade, não se fala de outro assunto, a não ser da família rica, que vive em guerra entre si. Mas todos sabem que o que se passa dentro daquela luxuosa casa é ocasionado pelo pior dos sentimentos que os homens podem ter: a inveja, um mal que invade o nosso coração sem que percebamos, e que, para tirá-lo de lá, só mesmo com muita perseverança e fé em Deus. E esse mal logo se transforma em ódio, se assim o permitirmos.

Dia de domingo, e todos estavam em casa como de costume. Joaquim, então, chama os filhos para o almoço e faz questão de que todos venham se sentar para a devida refeição, dizendo:

– Humberto, Laura, Dalton, por favor, venham se juntar à mesa!

Dalton responde:

– Sim, papai, já estou descendo.

Humberto, por sua vez, nem responde, e Laura continua em seu quarto como se nada tivesse ouvido.

Joaquim chama mais uma vez:

– Filhos, por favor, venham, domingo é o único dia em que podemos almoçar todos juntos.

Mas continua sem obter resposta, apenas Dalton continua sentado à mesa.

Então, Cecília resolve ir chamá-los para que o marido não fique mais contrariado ainda; ela também se chateia com a rebeldia dos filhos mais jovens. Chega ao quarto de Laura, entra e diz:

– O que é isso, filha? Ainda de camisola?! Seu pai e seu irmão já estão à mesa.

Laura diz que não irá almoçar, que o pai que almoce com o queridinho dele, afinal, ainda retruca, é só para Dalton que seu pai tem olhos! Insiste que não irá e que, quando sentir fome, desce.

Cecília fica triste, mas sabe que não vai convencer a filha, porém, ainda assim, tenta lhe falar:

– Filha, pelo amor de Deus, pare com isso, seu pai e eu amamos vocês da mesma forma, isso que você e Humberto estão fazendo não faz sentido, estão nos magoando, e você já não é mais um bebezinho, tente entender que Dalton é o mais velho e que se dedica muito a ajudar seu pai, nem estudar ele foi! Agora, vocês não se interessam em nada pelos negócios dele, nem sabem de onde vem o sustento. Isso que estão fazendo é pura implicância!

As contínuas conversas que Cecília tem com os filhos parecem não surtir efeito, e Laura sustenta:

– Vocês podem dizer o que quiserem, mas eu e Berto não vamos aceitar isso! Ele é o mais querido mesmo, papai só fala dele, só elogia seus méritos, diz que ele é o filho que todos queriam ter, mas e nós? Somos o quê? Um estorvo! Que só sabemos gastar o seu dinheiro, então, que fique lá, almoçando com seu filho predileto!

Cecília, não querendo dar continuidade àquela conversa insana da filha, encerra:

– Está bem, se não quer ir, não vá, mas não pense que vai conseguir alguma coisa boa com essa sua atitude! – e sai, deixando a filha com ar de superioridade e com a ingratidão estampada em seu rosto.

Volta à sala de jantar e encontra Joaquim e Dalton ainda esperando por Laura e Humberto e, com olhar de decepção, diz ao marido:

– Eles não virão, disseram que não estão com fome, que depois comem alguma coisa.

Joaquim se irrita:

– Mas que falta de consideração! Não os vejo durante a semana, ficam se esquivando de mim... O que está acontecendo?! Vou chamá-los.

– Não – diz Cecília –, por favor, Joaquim, deixe-os. Vamos almoçar em paz, e antes que a comida esfrie, está bem?

Joaquim concorda, mas afirma que, depois, irá ter uma longa conversa com cada um deles.

Cecília baixa a cabeça e começa a servir o marido e o filho, que ouve calado.

Terminam o almoço, e Dalton sai da mesa, dizendo que irá até o centro da cidade para se encontrar com alguns amigos.

Joaquim, então, aproveita para conversar com a esposa e pergunta-lhe:

– Cecília, se você sabe de alguma coisa sobre aqueles dois, quero que me diga agora! Eles estão ficando cada vez mais rebeldes, e já estão fora da época de se rebelarem, já estão cursando Universidade, não são mais apenas crianças mimadas, e eu sei que você os mimou muito, talvez seja isso que tenha estragado a educação deles. O que me diz?

Cecília respira fundo antes de responder:

– Eu não sei de nada... só sei que eles estudam, têm seus amigos, mas o motivo dessa rebeldia eu não sei – mente para o marido, temendo que ele tome uma atitude mais drástica e as coisas acabem piorando.

– Mas mesmo assim, a hora que decidirem descer, vou falar com eles e não quero que você interfira! Onde já se viu? Agora, depois de adultos, querem guerra?! Será que não podemos viver em harmonia?!

– Está bem, faça como quiser! – concorda Cecília.

Passa o domingo, e nenhum dos dois desce, permanecem trancados no quarto, até que Laura resolve ir ver o que Humberto está fazendo. Entra em seu quarto e vê que o irmão ainda dorme.

– Berto, Berto! – chama, sacudindo-o. – Vai dormir o dia todo? O que aconteceu?

Ele abre um pouco os olhos e confessa com a voz rouca:

– Não estou bem, mana. Acho que extrapolei na bebida ontem, minha cabeça está doendo.

– Quer que eu lhe traga um chá, um remédio? – pergunta a moça, preocupada.

– Não... Se papai me vir assim, aí é que nossa reputação vai para o "brejo". Não quero que ele saiba, senão vai dizer: "Está vendo?! O Dalton é que é um exemplo, não bebe, não fuma! Ele é que é um filho perfeito". E você sabe disso, não é mesmo, mana?

Laura concorda, mas o adverte, dizendo:

– Você não pode amolecer, meu irmão, se ficar

por aí enchendo a cara de álcool, nosso plano não vai sair do papel.

Humberto tenta se levantar, mas, zonzo ainda, pede à irmã que o ajude a tomar um banho. Depois, os dois voltam a falar sobre como colocar em prática o plano que têm para derrubar a preferência que o pai – dizem eles – tem pelo irmão mais velho.

***

Começa a rotina da semana, Joaquim e Dalton estão atarefados na empresa, que possui grande número de funcionários. É uma grande indústria e trabalho é o que não falta a ambos.

Por sua vez, Laura está cursando o quarto ano do curso de Direito, e Humberto cursando o primeiro ano de Administração de Empresas, mas não gosta muito do curso, pois sua vontade era cursar Medicina. Apenas para fazer a vontade do pai, começou tal curso, mas está prestes a parar, só para afrontar Joaquim, achando que isso vai fazê-lo prestar mais atenção em sua pessoa.

Chegando a noite, volta a conversar com a irmã para colocarem em prática o que planejaram.

– Então – diz ele a Laura –, já pensou direitinho como vamos fazer?

– Já. Está tudo pronto, é só você dizer quando.

– Tem de ser agora – responde ele. – Não podemos perder tempo! Quanto antes melhor.

– E, fazendo o que planejaram, esperam o pai chegar e simulam uma briga, trocando desaforos, até que seu Joaquim interfere:

– Mas o que é que está acontecendo?!

E os dois, com cara de anjo, chegam perto do pai, e Humberto mente:

– Isso tudo é culpa do Dalton. O senhor sabe que ele está difamando a Laura na cidade? Disse aos amigos dela que é uma viciada! Como pôde falar uma coisa dessas?! E estamos discutindo porque Laura não quer acreditar que foi ele. O seu querido filho é um covarde, pai! Quer destruir a nossa família!

Joaquim ouve, mas não acredita, refutando:

– Vocês estão enganados. Dalton jamais diria coisa alguma a respeito de um de seus irmãos, principalmente de Laura. De qualquer forma, vou falar com ele e esclarecer essa situação, mas podem esperar, pois se estiverem mentindo, vão se haver comigo.

Humberto e Laura entreolham-se e afirmam que não estão mentindo e que ele pode perguntar para os amigos dela, que, com certeza, irão confirmar.

– E vou mesmo, e, se eles não me convencerem, vocês dois terão o que merecem!

E sai, deixando os dois apreensivos. Então, Laura diz para o irmão:

– Vamos torcer para que ele pergunte às pessoas certas, pois todos já estão a par e disseram que vão nos ajudar. Agora é só esperar.

Joaquim vai ao encontro de Dalton, quando o vê chegando, e logo diz:

– Filho, precisamos conversar.

Dalton, meio apreensivo, percebendo ser algo grave, pelo semblante do pai, logo pergunta:

– Aconteceu alguma coisa?

– Aconteceu. Seus irmãos estão outra vez aprontando. Vieram me dizer que você está espalhando um boato de que sua irmã é uma drogada.

– Mas o que é isso, pai? O senhor me conhece muito bem. Sabe da minha preocupação com ela. Por que faria isso? Até mesmo porque, apesar de ela ser rebelde, não acredito que usaria drogas! Isso jamais passou pela minha cabeça, e ainda falar aos outros, não tem cabimento. Quando foi que lhe disseram isso?

– Há poucos minutos, os dois estavam brigando, e, quando interferi, disseram-me que era por sua culpa, e o porquê. Mas não se preocupe, filho, eu sei que deve ser mais uma deles. Estão sempre a aprontar. Não sei por que, acham que gosto mais de você do que deles. Que bobagem, e olhe, quero que você me ajude. Disse a eles que iria saber sobre esses boatos, é claro que não acredito, mas quero saber o que acontece quando estão reunidos com os amigos. Então, você vai fazer o seguinte: arrume alguém para especular alguns dos amigos da Faculdade, tente fazer com que falem e, depois, diga-me o que conseguiu colher, está bem? Posso contar com você, filho?

– Mas, papai, parece que o senhor está duvidando... Espero que não, senão vou me sentir culpado mesmo! Laura é uma menina mimada, nem parece que já completou vinte e dois anos. Em vez de se preocupar com seu futuro, vive de papo para o ar o tempo todo, só vai às aulas, e nada mais, vive uma vida boa, tem seu carro, seus vestidos caros, não ajuda a mamãe em nada... Por que essa rixa comigo, eu que sempre a tratei com muito carinho. Já Humberto é dominado por ela, que o convence facilmente de tudo. É um garoto ainda, apenas com dezenove anos, e já está querendo ser o dono de tudo, nunca se interessou pelos negócios da empresa, só quer rodar de moto por aí, e ainda se acha rejeitado! O que é isso, papai? Acho que o senhor tem que tomar as rédeas desses dois, pois sabe lá o que vão aprontar da próxima vez! E se o senhor acha mesmo que vou me envolver nessa história de boatos, pode esquecer! Se quiser fazer isso, por favor, peça a outra pessoa. Eu não vou me meter nessa bobagem.

Joaquim fica espantado com a resposta do filho, sempre tão gentil e educado, mas concorda com ele.

– Tudo bem, filho, também acho que estou muito mole com aqueles moleques, e que sua mãe vive a mimá-los. Deixei um pouco de corrigi-los, e acho que fiz mal, pois, agora que estão adultos, não será fácil reeducá-los, mas vou pensar bem sobre isso, e me desculpe sobre o pedido que lhe fiz. Não duvido de você em hipótese alguma, só queria que me ajudasse, mas sei que isso é apenas mais um problema, e vou resolvê-lo da minha maneira.

Dalton, como sempre, sorri e abraça o pai, dizendo:

– Está certo, papai. Agora, vou tomar uma ducha e descansar um pouco. Hoje o dia foi duro.

E sai, deixando o pai a pensar.

2

Passa a semana, e Joaquim nada descobre, porque, para todos que foram interrogados, Dalton é um amor de pessoa, e nada disseram conforme Laura e Humberto desejavam, ou seja, confirmando o que afirmaram sobre o irmão. O pai sabe muito bem que o filho é detentor de um caráter digno, que segue uma religião que, apesar de não aprovar, respeita. Na verdade, Dalton se integrou na Doutrina Espírita e gosta muito, faz reuniões com famílias pobres, ajuda quem precisa, ou seja, nada faz que possa desaboná-lo perante aqueles comentários maldosos dos irmãos. Então, Joaquim toma uma decisão: vai ter uma séria conversa com os filhos e sabe que terá de tomar medidas drásticas a respeito.

Chegando a casa ao anoitecer, chama a esposa e diz:

– Cecília, hoje vou ter aquela conversa com

Laura e Humberto, pois estou achando que tudo que estão querendo é destruir nossa harmonia aqui dentro de casa, e essa rixa entre eles tem de acabar de uma forma ou de outra. Você sabe que fiz papel de idiota, acreditando que Dalton pudesse ter dito alguma coisa, mesmo sem querer, para algum fuxiqueiro da cidade, que teria interpretado mal, mas me enganei e sinto-me culpado por isso. Dalton é e sempre será essa pessoa de índole boa; ele não diz uma palavra sequer para ofender ou magoar alguém, está sempre ajudando a quem precisa. Como pode pensar mal de alguém como ele, que só tem alegria no coração? Já esses dois, não sei o que está acontecendo. Só pensam em maldades, e temos de começar, urgentemente, a nos precaver quanto a isso, senão, daqui a pouco, não teremos mais domínio sobre eles, e aí, o que será de nós? O que você me diz?

Cecília sabe muito bem o que se passa na cabeça dos filhos, mas não pode e não quer que o marido os maltrate, então responde:

– Você tem razão sobre Dalton, é um filho maravilhoso mesmo! Sei que jamais faria algo contra alguém, principalmente aos irmãos, mas, Joaquim, você tem de entender melhor Laura e Humberto. Eles são bons também, só que ainda não cresceram, continuam a se achar as crianças mimadas que sempre foram. Dessa forma, pense bem no que vai fazer para não desencadear mais problemas; eles ainda não chegaram da Faculdade, mas já devem estar chegando, então avisarei que você deseja ter uma conversa com eles, mas lhe imploro que tenha paciência, está bem?

Joaquim fica pensativo por alguns segundos e diz:

— Pode ficar sossegada quanto ao que vou fazer com eles, você vai entender, só não quero que me atrapalhe com sua murmuração, está bem? Tente ser razoável, pois só assim vamos ver o que eles nos têm a oferecer, sem ficar arrumando briguinhas, pois não é apropriado para eles, que já estão bem crescidinhos.

E se afasta de Cecília, que fica a pensar: "O que será que ele está pretendendo?".

Não demora muito, Humberto entra com sua moto e, logo em seguida, Laura chega com seu carro, de última geração, e, toda pomposa, chega perto da mãe, perguntando:

— E o Berto?

Cecília está com cara de poucos amigos e responde:

— Prepare-se que seu pai está no escritório e

quer falar com você e Berto, e me parece que é sério, por isso vá com calma, pelo amor de Deus. Procure ouvi-lo primeiro, depois fale, mas com prudência, sem brigas. Vá primeiro, que depois aviso o Berto.

Laura nem se incomoda com a preocupação da mãe e exclama:

— Eu até já sei o que ele quer. Com certeza, irá elogiar Dalton e esfregar na minha cara que eu deveria ser igual a ele. Pode deixar que vou resolver isso.

E, pisando firme, entra no escritório do pai, já dizendo:

— Espero que não seja para me xingar, senão vou dar meia-volta e subir!

Joaquim está acostumado com o jeito grosseiro da filha, apenas lhe faz um convite:

— Boa tarde, minha filha, queira se sentar, por favor! O que vamos conversar está longe de ser uma briga. Por favor, sente-se.

Laura estranha a reação do pai, senta-se e lhe pergunta:

— O que é então? Por que esse suspense?

— Laura, minha filha, em primeiro lugar, quanto àquele assunto do outro dia, quero lhe informar que foi a última confusão que você e seu irmão aprontaram. De hoje em diante, a mordomia que vocês dois têm aqui dentro de casa acabou. A partir de amanhã, você irá trabalhar na empresa, estagiando com o nosso advogado Doutor Luiz. Não é para isso que estuda? E, daqui para a frente, terá de se sustentar sozinha. Vai receber um salário para o serviço prestado e, olhe, antes que responda, não vou aceitar qualquer justificativa para não ir, já que tempo para intrigas você tem de sobra. Dessa forma, vou ocupar seu tempo em algo útil e, se bem a conheço, é uma boa aluna e será uma boa funcionária também.

Laura fica com o queixo caído, pois jamais esperaria uma atitude dessas de seu pai e, quase gaguejando, responde:

– Mas, papai, e os meus estudos?

– Terá de conciliar, como todos que estudam e trabalham. Você não é diferente de ninguém e, como não soube aproveitar sua boa vida, terá de trabalhar, minha filha, e digo-lhe que isso será cumprido a qualquer custo. Vocês não deixaram alternativas, e pode se preparar, pois você começa amanhã mesmo. Já arrumei sua sala, é pequena, mas confortável, você vai gostar. E não vá tentar seu irmão para outra intolerância, porque não vou perdoar, pode escrever. Estamos conversados?

Laura fica vermelha, quer gritar, mas percebe que o pai está falando sério, então diz:

– Seja como o senhor quiser, afinal, é quem manda, não é mesmo?

– Isso mesmo, e obedece quem tem juízo. Agora pode ir e diga ao Humberto para vir até aqui.

Laura sai chispando faísca, mas não deixa que o pai perceba. E, ao encontrar o irmão mais velho na sala, descarrega:

– Tenho certeza de que você está metido nisso, mas lhe asseguro que isso não vai ficar assim!

E sobe as escadas correndo, deixando Dalton pensativo.

"Que menina estranha essa minha irmã. O que foi que fiz agora?" – pensa, balançando a cabeça e indo até a cozinha, onde a mãe está.

– Boa noite, mamãe, tudo bem? Como foi o seu dia? – pergunta, beijando-a.

Dona Cecília, meio sem jeito, responde:

– Boa noite, filho. As coisas não estão nada bem por aqui. Seu pai está conversando com Laura e, depois, falará com Berto. Não sei o que ele quer, mas sei que muita coisa vai mudar por aqui.

– Então é isso. Cruzei com Laura na sala, e ela estava uma fera. O que será que ele lhe falou? Mas logo saberemos, não é mesmo?

— Espero que as coisas não piorem.

— Tenho fé em Deus, minha mãe. Ele tudo pode, e se papai está aplicando novas regras aqui, é direito dele, não é? Vamos aguardar e orar também, pois isso ajuda muito.

E abraça a mãe com carinho.

Logo Humberto está no escritório do pai. Entra sem falar nada, e seu Joaquim lhe pergunta:

— Conheço você e posso imaginar que já está a par da conversa, não é mesmo?

— Estou sim, e surpreso também! Gostaria de saber o porquê disso.

— Pois vai saber – responde o pai. – Você e sua irmã sempre foram muito mimados por sua mãe, e, agora, já adultos, ainda teimam em agir como crianças. De hoje em diante, as coisas vão mudar, já avisei sua irmã e, agora, estou avisando você. Não pense que, porque é o caçula, vai ficar de papo para o ar o tempo todo. Só estuda e não quer nem saber da empresa, que um dia será de vocês mesmos. Seu irmão Dalton, que tanto criticam, é o único que se interessou, e me ajuda bastante. Mas, agora, você vai ajudar também. Sei que sou culpado e que deveria ter tomado essa decisão antes, por isso você vai começar, amanhã mesmo, a aprender de tudo lá na empresa, e, depois, irá para a produção, para ver como é difícil ganhar o seu luxo. Daqui para a frente, somente pagarei a Faculdade para os dois, ficando o bom viver por conta de vocês. Ganharão um salário para o serviço executado e serão tratados como qualquer funcionário da empresa; quem sabe assim, vocês aprendam que respeito é o bem mais precioso e necessário em uma família. Dessa forma, nem terão mais muito tempo para se ocuparem em arrumar intrigas contra Dalton e contra ninguém. Não criei vocês para se odiarem, e sim para termos uma família em paz; nunca destratei nenhum de vocês, sempre amei a todos, cada um do seu jeito, mas parece que você e sua irmã ainda não compreenderam. Tiveram a chance de aprender, mas foi em vão!

Humberto está pálido, pois não achava que o pai o trataria assim, e replica:

– Por que essa resolução? Só porque dissemos que Dalton não é o que o senhor pensa? Tenho certeza de que ele está envolvido nessa história, e isso é só para nos humilhar. Mas que droga! – e esmurra a mesa.

Joaquim se levanta e, com ar sério, diz:

– Olhe aqui, rapaz, se você acha que estou brincando, trate de se acalmar e se planejar, porque tudo que lhe disse é a mais pura realidade, e seu irmão, para seu conhecimento, nem sabe desta conversa, mesmo porque, ele também trabalha lá e recebe seu salário igual aos demais. E será assim de agora em diante, quer você queira ou não, estamos conversados.

E sai da sala, deixando Humberto, que, petrificado de raiva, dirige-se até o quarto da irmã, que está cuspindo fogo também, e pergunta:

– E agora, mana, o que faremos? O velho está falando sério mesmo! E o que será de nós? Ficar preso naquela fábrica não vai ser fácil.

– Temos que pensar com calma – responde Laura –, não nos precipitemos, pois foi exatamente a nossa última jogada que nos deixou nas mãos deles. Porque isso é coisa do Dalton, pode escrever. O papai não iria tomar essa atitude sozinho, não ia mesmo! Mas aquele bonitão não perde por esperar. Estou planejando muita coisa para quando estiver lá, naquele escritório, aliás, vai ser mais fácil. Pense um pouco: lá tem muita gente diferente e vamos arrumar aliados, pode crer, meu irmão, pode crer!

Humberto está meio confuso com a resposta da irmã.

– Tenha calma, mana, muita calma. Agora as

coisas vão ficar feias para o nosso lado. A propósito, a mamãe já sabe?

– Não sei, mas, daqui a pouco, vamos saber.

Amanhece o dia, e estão todos à mesa para o desjejum, entretanto, ninguém fala, e o silêncio toma conta da sala de jantar.

Então, Joaquim se pronuncia:

– Que beleza! Todos juntos para começarmos o dia. Ah, vocês dois vão para a Faculdade no período noturno, por isso, podem tratar da transferência hoje mesmo, e não quero desculpas, está bem? Hoje, vocês irão tratar disso e, amanhã, começarão, logo cedo, a rotina do trabalho. E ai de vocês se perderem a hora; nem pensem que vou fazer vista grossa para qualquer um dos dois!

Laura olha para Humberto, que está boquiaberto, e não se contém:

– Mas, papai, não é assim como o senhor pensa: que é só pedir a transferência e está tudo certo. Tem os trâmites de vagas, e isso às vezes demora um pouco.

– Não se preocupe, eu já tomei a liberdade de fazer isso. Nosso advogado, o Doutor Luiz, já arrumou tudo. É só vocês irem lá e tratarem na diretoria da Faculdade.

Os dois nem acreditam no que ouvem, mas questionar agora seria bobagem. Então, é a vez de Humberto falar:

– Não sei o que o senhor vai ganhar com isso, mas, se queria nos humilhar, conseguiu!

– Humilhar?! – exclama o pai. – Onde é que já se viu dois marmanjos acharem que trabalhar é humilhação? De onde vocês acham que vem a boa vida que têm? De alguma mina de dinheiro? Pois fiquem sabendo que humilhação é o que vocês fazem, deixando-se envolver em intrigas e causando desarmonia aqui dentro de casa! Isso sim é uma vergonha real! E quanto mais ouço isso de vocês, mais fico revoltado. Criei-os com todo o carinho e educação, e foi isso que lhes ensinei. Fique sabendo, meu filho, que tudo na vida tem um preço, e vocês agora vão começar a entender melhor o que é trabalhar para viver. E pode tirar seu cavalinho da chuva se acha que irá me convencer de alguma coisa. Irão os dois trabalhar na empresa, e a conversa está encerrada, e tenham um bom dia!

Dizendo isso, levanta e sai da mesa, deixando todos pasmos.

Dalton também se levanta e apenas deseja a todos um bom dia.

Quando saem para trabalhar, Laura, Humberto e a mãe recomeçam a conversa, e Laura questiona:

– O que será que deu nele, mãe? A senhora deve saber... diga-nos, por favor.

Cecília, então, quebra o silêncio:

– Só sei que vocês estavam avisados e sabiam muito bem que, quando muito se puxa a corda, ela sempre se arrebenta do lado mais fraco. Não quero tomar partido, mas acho que, se vocês tiverem juízo, devem obedecer a seu pai, pois ele está falando muito sério, e eu nunca o vi assim, nunca mesmo.

Humberto tenta entender e conclui:

– Mas o que foi que fizemos agora? Tenho certeza de que Dalton está metido nisso.

– Esqueçam seu irmão, e parem de implicar com ele. Não é assim que irão conquistar o pai de vocês. Têm de agir com inteligência, meus filhos. Vocês são adultos agora, e uma hora ou outra teriam de trabalhar, não é mesmo? Então, acalmem-se e façam direitinho o que ele mandou, está bem? E já estão atrasados. Tenha um bom dia, Laura, e você também, Berto.

Cecília beija os filhos e sai, deixando os dois sem ação.

– Sabe, Berto, a mamãe tem razão – diz Laura –,

brigar agora seria suicídio. Procuremos manter a cabeça no lugar. Mais este ano e estarei formada, depois veremos. Sei que você terá de aturar mais tempo, mas fique tranquilo. Vamos nos sair bem dessa história, pode crer, meu irmãozinho.

 Humberto nada diz e vai para a Faculdade, que fica perto de sua casa. Seus pensamentos voam, e não consegue acreditar que agora vai ter de ficar o dia todo trancado, estudar à noite e trabalhar durante o dia. Ele acha que ninguém merece isso.

 Já Laura encontra-se bastante agitada, e, chegando à Faculdade, vai direto à diretoria e, como seu pai já havia lhe dito, tudo estava arrumado. Era só ver qual seria sua classe e sua nova turma. Naquele dia, ainda vai ao curso no mesmo horário, mas não consegue prestar atenção à aula, somente ouve os próprios pensamentos, que fervilham em sua mente. Quando finalmente sai da sala, Martha, sua amiga mais íntima, vai ao seu encontro e lhe pergunta:

 – O que aconteceu, Laura? Você está muito estranha, não disse uma só palavra a aula toda, o que foi?

 Laura a olha com lágrimas nos olhos e responde:

 – Você não imagina o que está acontecendo, minha amiga. Papai me obrigou a trabalhar na empresa com ele, tem cabimento isso?

– Mas e seus estudos? Justo agora que falta só mais um ano? E por que isso?

– Você nem faz ideia! Terei de ir para o período noturno e cumprir horário na fábrica! Eu nem acredito, amiga, mas é verdade. O velho está decidido, e o Berto também irá.

– Mas por que isso agora?

– É por culpa do meu irmão Dalton, aquele puxa-saco que parece uma sombra do papai. Ele nos quer igual a ele, mas não vai ficar assim, isso eu juro, amiga. Irei me vingar desse idiota que se diz meu irmão.

Martha está perplexa, pois nunca vira a amiga falar assim do irmão.

– Fique calma, Laura, para tudo tem um jeito. De qualquer forma, isso será bom para você, pois irá fazer um estágio, pense assim. E quanto ao seu irmão, se eu fosse você, não faria nada. Com certeza, irá enfrentar a fúria de seu pai novamente. Procure pôr a cabeça no lugar, está bem? Com a cabeça fria, tudo se ajeita. Olhe, Laura, não se preocupe. O período noturno é melhor ainda. Tem gente mais velha, não só pirralhos como na nossa classe – diz, sorrindo para a amiga, na tentativa de amenizar um pouco a sua raiva.

3

No dia seguinte, Laura e Humberto já estão prontos para começar na empresa, e, quando terminam o desjejum, seu Joaquim diz:

— Espero os dois lá na empresa, para apresentá-los a todos, está bem?

Então, levanta-se sério, beija a esposa e sai, seguido por Dalton.

Laura está furiosa, mas não deixa transparecer perto do pai, e, quando ele sai, afirma:

— Não sei no que isso vai dar, mas vou dizer uma coisa: tem gente que vai se arrepender, pode esperar.

Cecília ouve aquilo e fica preocupada:

— O que é isso, filha?! Tente ser razoável, seu pai só quer o bem de vocês, e trabalhar não mata ninguém. Será bom para você, já está quase se formando e vai aprender muito mais na prática.

– Não é isso o que eu quero – responde, rispidamente. – Desejo me formar e continuar a estudar, fazer meu mestrado e, depois, meu doutorado. Não quero ficar presa em uma salinha qualquer, fazendo servicinhos para os funcionários! Isso é ridículo, mamãe!

Cecília tenta amenizar:

– Mas você pode fazer isso. É só conciliar os horários, e tudo ficará bem.

Laura parece não ouvi-la e sai da mesa, empurrando a cadeira com violência.

– Vamos ver!

Humberto apenas ouve e se dirige à mãe somente ao se levantar:

– Bem, já que não tem remédio... Vamos lá. Bom dia, mamãe.

Sozinha, Cecília fica a pensar sobre o que poderia acontecer com aqueles seus filhos, revoltados que se encontram.

"Coisa boa não será, mas vamos esperar o fim do dia para ver" – pensa, enquanto começa seus afazeres domésticos.

＊＊＊

Na empresa, Joaquim aguarda a chegada dos filhos. A primeira a chegar é Laura, com cara de poucos amigos.

– Estou aqui, pai, e agora?

– Venha, vou lhe apresentar ao Doutor Luiz e, logo em seguida, a todos os funcionários.

– Será mesmo necessário? Não quero ficar exposta ao ridículo.

– O que é isso, minha filha?! Ridículo é outra coisa, e você não sabe o que fala. Aqui, você é minha herdeira e, um dia, será a dona de parte disto tudo. Onde está o ridículo?

– Tudo bem, seja como o senhor quiser. Vamos lá.

Os dois seguem rumo à sala do Dr. Luiz e, chegando lá, ele a recebe com muita gentileza.

– Bem-vinda, Laura. Agora vamos trabalhar juntos e espero que tenhamos ótimos dias. Terá oportunidade de me ensinar muita coisa também, afinal já faz muitos anos que me formei, e os ensinamentos hoje são bem diferentes, não é mesmo?

Laura, sem desfazer a carranca, agradece com um "muito obrigada" e se fecha.

Joaquim, que já havia comentado com o advogado sobre o temperamento difícil da filha, faz um pequeno esclarecimento:

– Não se preocupe, doutor, ela logo vai entrar no clima de trabalho, porque trabalho é o que não vai faltar, não é mesmo?

– Sim, e vamos ter muito tempo para nos entender.

Então, Joaquim a pega pela mão, convidando-a:

– Agora, venha conhecer sua sala – e a leva até uma sala ao lado da do advogado. Ela o segue, mas quando olha a pequena sala sem grandes pompas, não se contém:

– É aqui que o senhor vai me manter trancafiada? Esta sala mais parece um quartinho de empregada.

– Por enquanto, vai ser aqui, sim. Por hora é a única que tenho disponível; com o tempo, você terá sua grande sala, mas vai precisar merecer isso, pois é com trabalho que conseguimos galgar um degrau mais alto. Você só está começando e já quer o alto escalão? Vai ter que ralar muito para conseguir isso, e pode esperar que não vai ser do dia para a noite, não, pois hoje você é apenas estagiária de advocacia. Quando se formar, defender sua tese, então será uma advogada real, e conversaremos novamente. Agora vamos lá, que vou apresentá-la aos outros funcionários do escritório, e na hora do almoço a apresentarei aos demais funcionários da fábrica.

Então, puxando-a novamente pela mão, Joaquim vai apresentando-a a todos. Ela, com cara de quem está indo para a guerra, nada diz e só apresenta um sorriso meio apagado.

O comentário é geral entre os funcionários: uns a acham muito bonita, outros dizem que é arrogante, e outros nada dizem, enquanto o pai a leva de volta até sua sala.

– Bem, qualquer coisa que precisar é só pedir à secretária, ela vai auxiliá-la também. O Doutor Luiz vai lhe trazer os trabalhos que irá fazer, está bem?

Ela só balança a cabeça, coloca sua bolsa sobre a mesa e olha em volta, nada dizendo. Joaquim sai, desejando-lhe boa sorte.

Laura se joga na cadeira e chora, chora muito.

"Ai, meu Deus, não vou suportar isso, não tenho ninguém aqui para conversar, e ficar presa neste cubículo será meu fim."

Alguns minutos se passam, até que batem à porta. Ela enxuga o rosto, banhado pelas lágrimas, e responde:

– Entre...

É a secretária, trazendo-lhe café e água.

– Bom dia, Laura, meu nome é Sílvia e estou aqui para o que precisar, está bem? Seja bem-vinda! Você vai gostar. O Doutor Luiz é muito bom, gentil, educado, e não precisa se preocupar, o primeiro dia é difícil mesmo.

Laura se ajeita na cadeira e agradece:

– Obrigada, Sílvia, é bom saber que tem alguém para me ajudar, mesmo porque, nem sei o que vou fazer aqui.

A secretária limita-se a sorrir.

– Não se preocupe. O Doutor Luiz virá aqui para conversar com você e tenha certeza de que tudo será bom, pode esperar.

A seguir, dá algumas explicações sobre o uso do telefone, dos ramais, mostra os materiais dos armários, o computador, e tudo o mais que há na pequena sala, fazendo com que Laura se sinta mais calma.

Agora, é a vez de Humberto.

Joaquim o leva e o apresenta em todos os setores da fábrica, indo, depois, para a sua sala, onde diz:

– Por enquanto, você vai ficar aqui comigo, vai me acompanhar, para aprender de tudo.

– Só está faltando o senhor me dizer que terei de ser igual ao Dalton.

– Não, meu filho, cada um tem o seu potencial, e quero ver o seu, está bem? Se não der uma chance a você, como saber, não é mesmo?

– Está bem, papai, seja como o senhor quiser – responde o rapaz, meio sem graça pela resposta simples do pai.

E os dois começam a trabalhar. A correria do dia para acompanhar o ritmo do pai deixa Humberto cansado e, chegando a casa, à tarde, desabafa com a mãe:

– Mamãe, não vou aguentar isso! Estou tão cansado que acho que não irei à aula hoje.

– É só o primeiro dia, meu filho. Você não estava preparado para isso, mas logo se acostuma com o ritmo e, quanto à aula, vá sim, hoje é o primeiro dia em outra sala e irá conhecer novos amigos, será bom. Descanse um pouco e depois vá à aula, está bem?

Humberto nada diz e vai para o quarto.

Logo Laura chega e diz, de maneira irritada e grosseira.

– Não vou suportar aquilo, mamãe. A senhora nem imagina que cubículo é a minha sala e ainda ficar recebendo ordens do Doutor Luiz o dia inteiro, fazendo coisinhas insignificantes, eu não vou aguentar, e a senhora é testemunha disso.

— Tenha paciência, filha, é o primeiro dia, tudo parece difícil e complicado, mas logo se enturmará com os outros funcionários. Vai ser bom para você, e, assim que terminar os estudos, o lugar de advogado da empresa será seu. O Doutor Luiz já está velho e, com certeza, vai se aposentar em breve. É só um preparo isto que está fazendo.

Laura nem ouve direito o que a mãe lhe diz e sai, deixando-a sozinha.

Chegada a hora de conhecer a nova classe de aula, Laura encontra-se apreensiva, chega meio sem jeito, mas é logo saudada pela professora que irá ministrar a primeira aula da noite.

— Seja bem-vinda, Laura. Classe, esta é a nova companheira de vocês, espero que todos a acolham com carinho.

"Ai, meu Deus, quanta gente feia"— pensa Laura, olhando para todos, mas procura sorrir e ainda brinca:

— Olá a todos! De agora em diante, terão de me aguentar.

Todos riem.

Laura, então, senta-se perto de um rapaz mais velho e logo a amizade nasce entre os dois. No intervalo, começam a conversar, após ele, muito gentilmente, ter ido ao seu encontro, apresentando-se e dizendo:

– Muito prazer, Laura! Meu nome é Antonio Carlos.

E Laura fica sabendo que o rapaz é casado, pai de dois filhos, e que está cursando a Faculdade aos trancos e barrancos devido ao seu cargo profissional exigir curso superior. Ela só ouve e não fala nada sobre sua vida.

Já Humberto não está nada feliz com sua nova classe, só gente mais velha, nada a ver com os amigos que tinha. Professores diferentes, tudo aquilo o deixa desanimado. Apenas assiste às aulas, completamente desinteressado, e acaba saindo no intervalo e indo embora. Para na praça da cidade, onde encontra seus amigos, e desabafa com um deles, Rafael:

– Rafa, meu amigo, *tô* na pior. Meu pai agora acha que tenho de trabalhar, e hoje foi o meu primeiro dia na empresa. Estou um caco humano, acho que andei uns dez quilômetros, sem contar as coisas pesadas que carreguei o dia inteiro e, se isso não bastasse, ainda tenho que estudar à noite. Não sei se vou dar conta, meu amigo.

Por sua vez, Rafa concorda com ele:

– Ainda bem que meu pai não pensa assim. Também acho que não aguentaria, mas se acalme, pra tudo tem um jeito, não é mesmo? Converse com ele, quem sabe não mude de ideia?

– Que nada, ele está irredutível, comigo e com minha irmã, mas sei que ela tem uma "carta na manga", vamos esperar. Agora quero uma cerveja pra relaxar, vamos lá.

E os dois vão beber, bebem além da conta e, chegando perto da hora do término das aulas, Humberto vai embora para casa. Entra meio zonzo, sobe as escadas devagar e vai dormir.

Laura, que já chegara e estava em seu quarto, ouve quando o irmão chega, mas não vai falar com ele. Sua cabeça encontra-se fervilhando.

4

O DIA SEGUINTE COMEÇA NA NOVA ROTINA. TODOS vão para a fábrica sem trocar muitas palavras.

A semana passa sem novidades, mas Humberto é quem está mais desanimado, toda noite volta para casa cada vez mais tarde, deixando Cecília preocupada.

Chega o fim de semana, e Laura, como de costume, sai com as amigas, encontra Martha e vai lhe contar como foi a primeira semana no trabalho.

– Minha amiga, você nem imagina o que estou passando. Ficar presa em uma saleta de três metros quadrados o dia todo, ficar recebendo ordens e fazendo coisas corriqueiras, não sei se vou suportar.

– Não se preocupe, Laura, o começo é assim mesmo. Logo vai se acostumar, mas me fale sobre a nova turma da Faculdade. Gostou?

– Pior que não, minha amiga. Para ser sincera, odiei. Só tem gente feia lá, e os professores são diferentes, parece até que estão ligados ao passado, nem parece a mesma Faculdade, e só não é dose cavalar porque conheci um rapaz bem interessante. O nome dele é Antonio Carlos, um amor.

– Mas, então, me conte, Laura, como ele é? Bonitão, solteiro, bem de vida? Estou curiosa.

– Sossegue, Martha, ele é bonito sim, mas é casado e pai de dois filhos. Não tem chance, ele é só um amigo.

– Mas que pena! Pensei que você estava interessada de verdade, pois nós sabemos que nunca ninguém lhe interessou realmente – diz a amiga, rindo e fazendo gestos.

Laura não se aborrece com Martha e diz:

– Pare com isso, Martha, só não achei minha alma gêmea ainda, mas lhe asseguro que estou procurando.

E as duas riem e conversam por horas.

Já Humberto está na roda de amigos, que não são tão amigos assim. Sabem do problema que ele está enfrentando e usam isso para levá-lo a festas e baladas, onde bebem muito. Humberto está a um passo de chegar às drogas. Os convites não param e a insistência é grande. Ele luta, mas sabe que não vai aguentar por muito tempo.

Dalton, por sua vez, dentre os três, é o mais justo, com suas ideias sempre impecáveis, moço de boa índole, assíduo frequentador do Centro Espírita Verdade e Amor, que existe há muitos anos na cidade.

Faz sua parte, está sempre colaborando com a instituição, onde trabalha, ajuda, e só ainda não se desenvolveu como médium, seu grande sonho. De qualquer forma, frequenta o curso de desenvolvimento mediúnico e está prestes a ter grandes revelações.

Chega sempre antes dos irmãos em casa, e, como de costume, vai conversar com a mãe, perguntando-lhe como está, como foi o seu dia. E a beija.

Ultimamente, Cecília se encontra meio abatida e resolve desabafar com o filho.

– Dalton, meu filho, sabe, estou muito preocupada com seu irmão. Todos os dias, ele tem voltado muito tarde para casa e sempre cheirando a álcool. Se seu pai souber, não sei o que fará!

– Isso é verdade, mamãe, mas por que a senhora não me disse isso antes?

– Eu não queria acreditar, achava que era

comum, entre jovens da idade dele, às vezes beber um pouco a mais, mas está se tornando um hábito, e estou ficando com medo – e os olhos de Cecília se enchem de lágrimas.

Dalton se comove ao ver a mãe naquele estado e lhe pede para manter a calma.

– Eu vou tentar falar com ele. Sei que não vai ser fácil, mas vou tentar. Vamos ver o que está acontecendo. Pode ficar sossegada, e confie em Deus, Ele tudo pode, minha mãe – e a abraça com carinho.

Dalton, então, espera o irmão chegar e, quando o vê, fica estarrecido, pois Humberto entra e não nota o irmão na sala, passando por ele e indo direto para o quarto.

"Humberto entrou cambaleando, e só Deus sabe como veio pilotando a motocicleta!" – conclui Dalton.

Segue-o e entra no quarto, dizendo:

– O que está acontecendo com você, meu irmão? Agora deu para beber, embriagar-se assim! O que é isso, Humberto?

O rapaz, com os olhos vermelhos e meio zonzo, responde com rispidez:

– Quem o convidou para entrar aqui?! Será que nem no meu quarto tenho privacidade?! Além do mais, quem é você para me pedir satisfação do que faço?! Quem?! Diga!

Dalton não perde a paciência, pois sabe que o irmão está embriagado.

— Sou seu irmão, quer queira você ou não, e um irmão que o ama, se é o que você quer saber, e não quero vê-lo assim. Hoje não vai dar para falar com você, mas amanhã, quando estiver sóbrio, vamos conversar, está bem?

— Eu não quero falar com você, nem hoje nem dia nenhum, e pode sair daqui agora, porque eu não tenho irmão nenhum, só uma irmã, a Laura. Ela, sim, é minha irmã, irmã que me ama.

E continua falando, com a voz pastosa, natural de quem está sob o efeito do álcool.

Dalton sai, fechando a porta do quarto de Berto, mas antes faz uma prece em socorro daquela alma à beira do abismo.

Logo em seguida, vai dormir, mas o sono demora a chegar e, quando adormece, ele, em Espírito, encontra-se com os falsos amigos do irmão. Começa a ver uma pequena multidão de jovens, embrenhada na droga e na bebida, e os ouve dizer:

— *Hoje o dia foi proveitoso. Já conseguimos mais um*

descuidado para o nosso grupo, e amanhã ele será presa fácil.

E todos soltam grandes gargalhadas, que deixam Dalton estremecido. Então, ele começa a pedir socorro a Deus e a Jesus, pedindo que o auxiliem naquela batalha. Roga com tanto fervor que logo começam a chegar irmãos de toda parte, e forte luz se faz, clareando e, momentaneamente, cegando a multidão de jovens ali perdidos. Uns gritam, outros correm, e apenas um fica ali, paralisado. E, então, Dalton lhe pergunta:

– *Qual é o seu nome, irmãozinho, e o que faz aqui entre esses jovens desviados do plano do bem e do amor?*

Ele não responde, apenas chora, e, depois de algum tempo, diz:

– *Eu sou Jaime e hoje é meu primeiro dia na turma, mas confesso que estou com medo, muito medo, trouxeram-me aqui à força... Eu não queria vir, mas eles são maioria –* e continua a chorar.

Dalton e os irmãos de Luz ajudam o pobre infeliz a se harmonizar e o conduzem ao devido tratamento, para, depois, retorná-lo ao corpo de carne, que se encontra adormecido.

Quando Dalton desperta, percebe-se meio aturdido e confuso. Lembra-se de alguma coisa, mas o principal ficou registrado em sua mente, parece que continua ouvindo-os dizer:

– *Amanhã, ele será presa fácil, presa fácil, presa fácil...*

"O que seria isso?" – pensa Dalton, mas logo é tomado novamente pelo sono e dorme tranquilamente até o amanhecer.

De manhã, como é de costume, todos se encontram à mesa para o desjejum. Dalton olha para o irmão, que está meio pálido e não consegue olhá-lo, pois sabe que Dalton não vai desistir da conversa que prometeu.

Todos comem calados, até que Joaquim interrompe o silêncio:

– Parece que todos estão em recesso de palavras. O que aconteceu?

Cecília, para não ter que contar ao marido o acontecido, responde: – Não é nada, Joaquim, apenas estamos cansados, não é mesmo, filhos?

Dalton sorri e concorda:

– Claro, mamãe, a senhora tem razão, afinal, trabalhar e estudar não é fácil, não é mesmo, Humberto?

Humberto levanta o olhar para o irmão, quase que fuzilando-o, e responde:

– É isso mesmo. Ainda não entramos no ritmo, mas vamos entrar, podem ficar sossegados – e antes que Dalton dissesse mais alguma coisa, levanta-se e sai da mesa, desejando a todos que tenham um bom dia.

Laura, por sua vez, só ouve e segue o irmão, acompanhando-o para a empresa.

Joaquim e Dalton também saem; assim que chega à empresa, Joaquim logo vai ter com Dr. Luiz, para saber da filha.

– Bom dia, doutor, como tem passado? E me diga: como vai nossa nova estagiária?

– Bom dia, meu amigo. Está tudo bem, Laura é inteligente e logo cuidará dos trabalhos com facilidade.

– Que bom – diz Joaquim –, assim fico mais tranquilo.

Já Humberto está bem confuso, pois não está acostumado a beber demais, e a dor de cabeça é constante, mas tenta não deixar que seu pai perceba e, numa folga do mesmo, vai ver a irmã em sua sala. Bate e entra.

– Você pode conversar um pouco comigo, mana? Estou com um problema.

– Claro, Berto! O que é? Feche a porta e sente-se aqui.

– Mana, nosso querido Dalton, agora, quer tomar as vezes do papai. Você não vai acreditar... Ontem, ele entrou no meu quarto e queria satisfações do que ando fazendo, e disse ainda que, se eu me recusar a conversar com ele, irá falar com papai.

– Mas o que você fez para isso? Foi ao acaso que ele fez isso? Você sabe que não podemos mais fazer qualquer coisa banal contra ele, pois temos de fazer a coisa certa, e na hora certa!

– Eu só bebi um pouco a mais ontem e não sei por que ele estava me esperando. Será que anda me vigiando?

– Não sei não, Berto. Talvez mamãe tenha dito algo a ele, e você tem que se cuidar. Quer pôr tudo a perder agora? Nós nem começamos a trabalhar direito, e você já está jogando a toalha. Quer que papai o ponha para trabalhar na faxina? Pois é isso que fará se o pegar bebendo e faltando às aulas!

– Claro que não, mas estou ficando cansado. Não gosto do que faço, não gosto do curso nem do horário que estudo, e você sabe disso. É por esse motivo que paro na praça com meus amigos e é lá que tenho um pouco de alegria.

– Mas precisa beber para ter alegria, meu irmão? Pare para pensar: se você desistir, como vamos derrubá-lo? Papai não vai acreditar em nós. Temos de agir com inteligência. Já estou estudando todo o esquema da administração, e temos grandes chances de arruinar sua reputação, se nos unirmos. Pode deixar comigo, que vou ajeitar as coisas, mas, por favor, não vá se entregar assim de bandeja para ele. É tudo o que ele quer. Você não vê?

– Você tem razão, mana. Pode deixar que ficarei atento, e agora vou voltar ao trabalho, antes que o papai dê por minha falta.

E quando Humberto sai, Laura fica pensativa.

"Tenho de me aproximar de pessoas ligadas à parte financeira, ser astuta e muito discreta. Vou bolar algo capaz de fazê-lo se arrepender de ter vindo para a nossa família" – e fica a esquematizar seu plano diabólico.

Dalton fica de olho no irmão o tempo todo, mesmo que seja de longe, até a hora de irem embora. Chegando a casa, vai logo para o quarto de Humberto, entra e, desta vez, não é expulso como no dia anterior.

– Então, Humberto, tem algo a me dizer? Quero que me diga o que está acontecendo com você, meu irmão. Mamãe está uma pilha de nervos por sua causa, morrendo de medo que o papai o veja embriagado.

Humberto tenta manter a calma e responde:

– Pode ficar tranquilo e tranquilize a mamãe. Isso foi só um momento de fraqueza, e não irá acontecer mais, pode ficar sossegado, está bem? E agora me deixe arrumar minhas coisas para a aula.

– Está bem – diz Dalton –, mas lhe digo uma coisa: se mamãe o pegar novamente chegando bêbado em casa, não será mais com você que irei falar, mas com o pai, que precisará saber disto. Você já é adulto e sabe decidir o que é certo ou errado. Cabe-lhe decidir o que quer para sua vida, pense bem – e sai, deixando Humberto cuspindo fogo.

Assim que Dalton fecha a porta, Humberto atira um objeto com força contra a parede, sussurrando para o irmão não ouvi-lo:

– Você não perde por esperar, irmãozinho!

5

PASSAM OS DIAS, E HUMBERTO NÃO CHEGA MAIS embriagado em casa, deixando o irmão e a mãe mais tranquilos.

Dalton, como já é de costume toda terça-feira, vai ao Centro Espírita, que frequenta assiduamente, e, chegando, vai rapidamente procurar pelo dirigente da casa.

– Boa noite, seu Nelson! Como tem passado?

– Boa noite, Dalton, que prazer tenho em vê-lo aqui. Se todos fossem como você, teríamos bem mais jovens encaminhados para o bem.

Dalton, meio sem jeito com as palavras de seu Nelson, argumenta:

– É bondade sua, sou uma pessoa comum, só com mais vontade de aprender, só isso. Mas o que desejo mesmo é lhe contar sobre o que ando sonhando.

Não sei se é real ou é apenas preocupação excessiva com meu irmão. Às vezes, lembro-me de ter estado, quando do desprendimento do Espírito durante o sono, a visitar grupos de jovens, que se encontram perdidos e entregues a obsediar jovens descuidados nas drogas e no álcool. Quando os encontro, eles correm de mim. O que seria isso, seu Nelson? Poderia me ajudar a entender?

– Claro, meu jovem. Acredito que esse acontecimento seja um preparo para você. Está estudando e sabe que, quando dormimos, nosso Espírito se desprende do corpo material adormecido e segue em busca de atividades afins, que podem ser proveitosas ou ligadas à maldade, ao vício, enfim, a coisas inferiores. No seu caso, você tem se dedicado à busca de aperfeiçoamento e, certamente, deve estar indo à procura de ajuda para seu irmão. Esses jovens, que diz estarem reunidos, são jovens que partiram sem entendimento algum. Quando chegam ao plano espiritual, são logo recebidos por outros na mesma situação e vão formando grupos, e, quando veem algum encarnado no caminho que eles trilharam, aproximam-se dele e o vampirizam, para poderem se saciar dos prazeres que tinham, deixando o infeliz à mercê de todo o grupo. E, quando este desencarna, também já se torna parte integrante do grupo. É dessa forma que conseguem mais adeptos. Quando deixamos nos levar pelo vício, não nos damos conta do prejuízo que temos ao enveredarmos por caminhos de difícil retorno. Se não aceitarmos ajuda e não tivermos Deus no coração, não será fácil a jornada nos campos do umbral. Daí, meu amigo, é só por Deus mesmo! Mas me diga: o que está acontecendo com seu irmão?

Dalton ouve tudo com atenção e explica ao homem que Humberto está ficando cada vez mais revoltado, chegando tarde em casa e totalmente embriagado.

– Eu já falei com ele e ultimamente me parece estar mais calmo, mas, se o conheço bem, deve estar só esperando que eu esqueça o acontecido.

Seu Nelson escuta o que Dalton lhe diz e conclui que Humberto realmente está necessitando de ajuda, enquanto ainda está no começo, pois, se deixar esses irmãos envolvê-lo, será muito difícil sua recuperação.

– Por que você não o convida para vir assistir a uma palestra aqui, e tomar passes que possam lhe ajudar em sua harmonização?

– Seu Nelson, o senhor não conhece Humberto. Ele nem fala comigo direito, ele e Laura parece que me odeiam, e vivem a tramar intrigas para meu pai, tentando me afastar dele e do emprego. Agora, que foram forçados a trabalhar, as coisas ficaram piores. Pedir a ele que venha até aqui seria o fim do pouco de diálogo que nos resta.

Nelson se espanta com a revelação de Dalton, pois não sabia desses detalhes.

– Meu jovem, você está diante de um problema mesmo. Quando irmãos se sentem rejeitados é um grave problema, pois o ódio é um caminho que podem tomar, e se sentem no direito de fazer qualquer coisa para alimentar isso. Você precisa ficar atento e orar muito por eles. Vamos fazer uma corrente de oração. Isso vai ajudar, mas você terá de permanecer muito esperto e não se deixar desanimar. Nessa tarefa, você, com certeza, terá muita proteção, pois é uma alma adiantada e veio para essa família para ajudar a restaurar o amor. De qualquer forma, terá muito trabalho, meu jovem, muito trabalho.

Dalton fica apreensivo com a conversa.

– Mas, seu Nelson, o que foi que fiz para eles me tratarem assim? Não entendo.

– Mas vai entender, Dalton; tudo tem sua hora, e o que tem a fazer é orar, pedir ajuda aos irmãos do plano espiritual e ficar atento às atitudes de seu irmão. Quanto ao sonho, está no caminho certo, e não tenha receio, pois, no futuro, será de grande valia.

Essa sua experiência irá ajudar muitos jovens, pode crer!

Dalton ouve, mas ainda é cedo para entender tudo aquilo, apesar de ser um rapaz inteligente e prestativo, e com muita vontade de desvendar todo aquele mistério.

– Está bem, seu Nelson, não vou enchê-lo de perguntas, apenas uma última: o que deverei fazer para que meu irmão, pelo menos me ouça?

– Por hora, nada – responde seu Nelson. – Você precisará ficar atento, como já lhe disse. Ainda vai ver muito mais coisas em seus sonhos e vai tomar a atitude certa, na hora certa. Confie, pois os irmãos do plano maior irão ajudá-lo, e, com o tempo, tudo vai ficar mais claro a respeito da emancipação do Espírito durante o sono do corpo físico. Até a hora em que, talvez, não venha a necessitar mais de estar dormindo para ir a esses lugares. Esse fenômeno se chama desdobramento espiritual, e você só está começando. Quando se aprofundar em seus estudos mediúnicos, vai compreender.

Dalton se retrai um pouco, mas se acalma e concorda, confiante.

– Quero aprender tudo, seu Nelson! Não importa o quanto terei de estudar, mas pode ter certeza: eu vou entender, ah, se vou!

— Muito bem, meu jovem, é assim que devemos pensar, e nós estamos aqui para auxiliá-lo no que precisar. Pode contar conosco, está bem?

— Obrigado por tudo e pelas explicações. Vou procurar fazer de tudo para não decepcioná-los. E, se me dá licença, agora vou ao curso, que já deve ter começado. Até mais, e tenha uma boa noite, na graça de Deus.

— Bom trabalho e boa noite para você também — diz Nelson, com um largo sorriso.

Dalton sai feliz com as explicações do dirigente e segue para sua aula de desenvolvimento mediúnico.

Enquanto isso, Humberto e Laura estão em suas salas de aula, na Faculdade.

Laura está cada vez mais próxima de seu colega Antonio Carlos. No intervalo, fica sempre ao seu lado, trocando confidências, e, justamente por isso, pelo seu comportamento, acaba levantando a suspeita de que os dois estariam tendo um caso. O comentário é unânime entre os colegas, até que alguém, bastante indiscreto, vem lhe perguntar. Trata-se de uma das alunas, Mônica, que, extremamente bisbilhoteira, chega perto de Laura e pergunta-lhe:

– Então, Laura, já ganhou o bonitão do Antonio Carlos? Estão todos apostando que sim.

Laura se irrita com a colega e exclama:

– Vocês não têm mais nada para fazer mesmo, hein?! E se eu estivesse tendo alguma coisa com ele? Ninguém tem nada com isso.

– Calma – diz Monica –, não temos mesmo! É só curiosidade, afinal ele é casado. Isso não a incomoda?

Laura conta até dez antes de responder:

– Veja se me esquece, está bem? Gente desocupada! Vão cuidar da própria vida!

E sai pisando forte, deixando Monica com a certeza de que suas suspeitas são reais.

"Ela pensa que me engana, essa dondoquinha mimada, mas vai se dar mal. Esse cara é um *bon vivant* e está mais interessado na grana dela, mas, se quer se dar mal, isso é problema dela" – pensa a colega e, logo após, vai conversar com os outros, que esperam por notícias. E rapidamente a fofoca corre, feito fogo sobre a palha.

Laura vai embora e, só então, começa a pensar:

"Por que não? Se todos estão falando, posso dar motivo para se sentirem realizados, afinal, ele é bonitão e me trata muito bem."

No dia seguinte, no trabalho, liga para o rapaz.

– Como vai, meu amigo? Está no trabalho? Estou ligando para você porque preciso de sua ajuda em uns trâmites judiciais. Poderia me ajudar?

– Claro! – responde Antonio Carlos. – Fico feliz em saber que a menina mais inteligente da classe quer a ajuda deste humilde estudante forçado a estudar. O que deseja, Laura?

Ela, meio sem jeito, faz um convite.

– Podemos almoçar juntos hoje? Daí lhe explicarei melhor. Mas, veja bem: não quero atrapalhá-lo – diz com voz meiga.

Antonio Carlos fica mudo por alguns instantes. Não esperava por tal convite, ainda mais assim, tão direto, e responde:

– Posso sim. Diga-me aonde quer ir e a que horas, pois aqui tenho horário, você sabe.

– Claro, também tenho. Que tal às doze horas, no restaurante da praça?

Antonio Carlos se retrai.

– Bem... Não sei... Você sabe que sou casado, não sabe? Então, não posso ficar dando bandeira aqui no centro. Não poderíamos ir a um restaurante mais retirado? Conheço um ótimo. O que você acha?

– Por mim, tudo bem. É só me dizer o endereço.

Perto do meio-dia, Laura começa a se sentir ansiosa, então, arruma-se e vai ao encontro do rapaz, que já se encontra sentado a uma mesa, localizada em um local discreto. Assim que a vê, levanta-se e a cumprimenta.

– Pontual... Isso é bom!

Laura senta-se e, com a cara mais lavada, desculpa-se:

– Espero não tê-lo atrapalhado em nada.

– Não atrapalhou em nada, mas me diga: o que a aflige em relação ao trabalho? O doutor Luiz não é eficiente para resolver esses problemas?

– Na verdade, não tenho problema algum. Só queria vê-lo e achei que gostaria também.

Antonio Carlos quase perde o queixo com a direta que leva da garota.

– Nossa, que surpresa! Achei que estava mesmo precisando de ajuda, mas sua coragem de ser assim, tão direta, me fascina; claro que também queria vê-la, mas não assim, à luz do dia, onde todos nos conhecem. Afinal, não vai pegar bem para você, que é uma garota rica e cheia de mimos... Achei que não iria se interessar por alguém como eu, mais velho, casado e de classe media baixa. O que a fez partir assim, para um encontro tão avassalador?

Laura, sem perder o jeito, determinada como se encontra, responde:

– Por quê? Você não quer? Se não quiser, vou entender, mas lhe garanto que, se topar, não vai se arrepender. Então, o que me diz?

Antonio Carlos a pega pela mão e a convida, resoluto:

– Então, vamos embora daqui. Vamos a algum lugar mais íntimo e aconchegante.

Laura, sorrindo, deixa-se levar, sem nada dizer.

Chegando à porta de um motel, ela lhe confessa estar com um pouco de medo, porém afirma que tudo poderá dar certo se ele for bastante gentil com ela.

– Pode ficar tranquila, serei um *gentleman* e farei somente o que você quiser, está bem? – afirma Antonio Carlos, levando-a para dentro do quarto.

6

LAURA INICIA, ENTÃO, UMA NOVA FASE DE SUA VIDA, sem saber que muita coisa ruim virá acompanhada daquele encontro amoroso.

Agora, consegue seu intento. Tudo o que vem fazendo com seu destino não é por amor ou uma paixão de adolescente. Apenas significa um ato com o qual quer se valer para a consecução de seus planos, para colocá-los em prática, e Antonio Carlos é somente mais uma peça em seu grande jogo. Ela precisa de aliados, e esse rapaz é diferente dos demais; iria se curvar diante de sua juventude, e assim fez. Mas como tudo na vida tem seu preço, com Laura não será diferente, e ela nem imagina o que está reservado para seu futuro, sem ter ideia, caminha apressadamente para o abismo, envolvendo-se, cada vez mais, com os irmãos das trevas, e, quando se der conta, poderá ser tarde demais.

Quando saem do luxuoso motel, o rapaz vai direto ao assunto, perguntando-lhe:

— Diga-me uma coisa, Laura. O que pretende fazer agora? Digo, o que vamos fazer? Você é uma garota ainda e só Deus sabe o que acontecerá se seu pai souber disso, afinal, sou um homem casado. Não tenho esse direito... Como ficamos?

Laura ouve calada, e pensa um pouco antes de responder.

— Você não precisa se preocupar, se está pensando que o que acabou de acontecer vai lhe trazer algum problema. Não vou dizer nada a ninguém, e muito menos desejo algo sério com você, pode ficar sossegado. E quanto ao meu pai, deixe que eu cuido disso, está bem? Com referência a nós, foi ótimo, não foi? Então, ficamos assim: quando pudermos, saímos novamente, não vou incomodá-lo, se é isso que está pensando. Gosto de você, amei nosso momento, e é só. Agora, vamos trabalhar. Mais tarde, nos veremos na aula, está bem?

— Seja como quiser!

Ela o beija rapidamente e vai embora.

"Que menina maluca! Espero não ter entrado numa fria" – pensa o rapaz antes de partir. Apesar de bastante preocupado, sente-se satisfeito. Afinal de contas, Laura era tudo de bom e parecia feliz.

A moça chega ao trabalho cantarolando, deixando Sílvia admirada por isso. Ela nunca a vira feliz assim, pois portava sempre uma carranca. E sua curiosidade é tamanha, que vai lhe perguntar:

– Nossa, Laura, o que foi que comeu hoje, que a deixou assim, tão feliz?!

Laura a olha com certa arrogância e, fazendo antes um pouco de suspense, responde:

– Nada de diferente, só o trivial... Está bem, minha felicidade tem uma causa, sim, mas nem insista porque não vou lhe contar e, por favor, deixe-me trabalhar, pois tenho muito que fazer.

Sílvia, meio chateada com a resposta, pede-lhe desculpas, dizendo que era só curiosidade, porque nunca a vira assim. E retira-se, ainda se desculpando.

"Ela acha que me engana. Tenho certeza de que nessa história tem homem! Ah, se tem!" – pensa Sílvia, rindo consigo mesma.

A noite chega, e os irmãos vão, cada um, para sua aula. Laura chega toda arrumada, e sua beleza iluminada consegue arrancar olhares até dos mais desligados. Por sua vez, Antonio Carlos não contém um suspiro quando a vê, enquanto ela faz de conta que nem nota.

Já tinha conseguido o que queria e, agora, era só jogar direitinho para tê-lo em suas mãos. E ela sabia que isso era apenas uma questão de horas, e que apenas lhe bastava esperar pelo ato fatal. Só esperar.

A aula termina, e Laura sai sem dizer nada a Antonio Carlos, que, incrédulo, vai atrás dela até seu carro. Puxa-a pelo braço e pergunta:

– Qual é a sua, garota? Vai me esnobar agora, como se nada tivesse acontecido? O que você quer? Usar-me somente? É isso?

Ela, sensualmente, justifica-se ao seu ouvido:

– Já lhe disse, meu amor, não quero nada que você não queira, e pode ficar tranquilo, não vou usá-lo. Vamos nos amar quando pudermos, e é essa minha condição.

Então, beijando-o com carinho, entra em seu carro e, jogando-lhe mais um beijo, despede-se.

Antonio Carlos está paralisado e nada diz, apenas olha o carro partir e, em seguida, vai embora.

Laura comemora a atitude dele:

"Como esses homens são uns idiotas... Basta esnobar um pouco para que fiquem bobos" – e ri, ri muito. Seu plano de conquista está pronto e já dera mais um passo no jogo. Agora precisa pensar e arquitetar a continuidade de seu plano: Dalton é seu alvo. Ele nem sonha com o que ela está preparando. Mas tudo na vida tem seu lado mau e tem também seu lado bom, contrabalanceando.

Dalton é auxiliado pelos guardiões do plano espiritual, mas nem tudo o que desejamos ao próximo é realmente aquilo que sucede, e Laura terá sua parte nesse jogo, que está começando agora.

Passa-se uma semana do acontecido com Laura e Antonio Carlos, e agora ele está como ela quer. Liga a toda hora, fica enciumado quando ela chega cada vez mais bonita e perfumada na Faculdade, permanece sempre por perto, e ela faz que nem o nota, deixando-o cada vez mais apaixonado, até que decide falar com ela, na saída da aula.

– Laura, espere, quero falar com você. Não aguento mais essa sua indiferença para comigo. Vamos conversar?

– Sobre o que você quer conversar? – pergunta-lhe, sorrindo.

– Quero vê-la novamente, pois não consigo tirá-la do meu pensamento. Que tal hoje? Poderíamos ir até aquele motel de que você tanto gostou?

Com profundo ar angelical, ela lhe responde:

– Infelizmente, hoje não posso. Tenho de acordar cedo amanhã, mas eu lhe telefono, está bem? Quem sabe amanhã, na hora do almoço? – e sai, deixando-o ali parado, feito um poste.

Nesse momento, chega Mônica, que a tudo observava, e diz:

– O que foi? Tomou um fora da bonitinha?

– Não tomei, não! Eu só queria falar com ela, mas isso tem sido difícil ultimamente, está se achando a princesa da festa, garota idiota! – e vai embora.

Então, Mônica, rindo intimamente, conclui:

"Eles acham que estão enganando quem? Mas vamos ver no que isso vai dar!"

Humberto, por sua vez, está andando com companhias não muito recomendáveis e, não contente com as bebidas, agora começa a entrar no mundo das drogas. Na verdade, sente receio, mas a insistência é grande por parte daqueles que considera seus amigos, e, pela primeira vez, percebe o efeito alucinógeno que a droga proporciona, acha ótimo, e acaba querendo mais, e mais! Só não chega tarde em casa para não levantar suspeitas. Não desconhece que isso não terá volta, mas não se preocupa.

Que engano pensar assim, mal sabe ele o que terá ainda de enfrentar. O mundo das drogas, aos olhos de quem as utiliza, parece um mundo maravilhoso, onde os habitantes são únicos, o prazer que ela traz é inebriante, alucinante, fazendo parecer que a vida é só prazer e nada mais, e assim se entregam ao vício sem se preocupar com mais nada, deixando passar a oportunidade que Deus concede a todos de se aprimorarem e evoluírem, e, então, contraem mais débitos, que lhes custarão uma próxima experiência, mais dolorosa. E, dessa forma, Humberto, deixando-se guiar pelos prazeres terrenos, está cada vez mais envolvido com o mundo das trevas.

Em casa, pouco fala com a mãe, permanece sempre trancado em seu quarto e apenas cumpre o que o pai determina, nada mais.

Cecília começa a ficar preocupada com Humberto e novamente procura pelo filho Dalton.

– Dalton, meu filho, preciso lhe falar.

– O que aconteceu, mamãe? Mais problemas com Berto, suponho.

– Sim. Ele está muito quieto para o meu gosto, e agora deu para ficar trancado o tempo todo, mal fala comigo. O que será que está acontecendo com ele, Dalton? Você precisa me ajudar. Não posso dizer nada ao seu pai, pois não iria entender, e temo por atitudes mais drásticas ainda. O que devo fazer, meu filho? Ajude-me, por favor!

Dalton abraça a mãe e procura confortá-la:

– Fique calma. Vou investigar, mas de longe, porque, se eu for direto a ele, vai me ignorar como sempre faz. Mas prometo que vou descobrir o que está acontecendo e depois lhe conto, está bem? Quero que fique tranquila, pois pode ser que ele só esteja cansado, afinal, o papai o faz trabalhar bastante lá na fabrica; talvez seja só isso.

– Espero que sim, meu filho, espero que sim mesmo!

E Dalton, aproveitando-se da conversa, sugere à mãe:

– Mamãe, queria lhe fazer um convite: por que a senhora não vai fazer uma visita ao Centro Espírita que eu frequento? Poderá assistir a uma boa palestra, tomar um passe magnetizador... Fará bem para a senhora, e não custa nada.

Cecília se surpreende com o convite.

– Agradeço, meu filho, mas prefiro não me envolver com isso. Sou católica e gosto da minha religião. Vou às missas, sempre comungo, e não gostaria de misturar as coisas. Você sabe o que penso sobre isso, mas respeito a sua decisão. Não digo que nunca irei conhecer, mas por hora não quero, desculpe-me, está bem?

Dalton se entristece com a recusa tão brusca da mãe, mas, polidamente, concorda:

— Claro, mamãe, eu também respeito a sua religião. Foi só um convite e, se a senhora fosse, seria uma prazer, mas tudo bem, pois também sei que tudo tem sua hora para acontecer. Se um dia sentir no coração o desejo de ir conhecer essa maravilhosa e edificante doutrina, sei que irá. Mas não se preocupe, está bem? Deus sabe a hora certa para tudo nesta vida.

Cecília ouve o filho falar tão gentil e serenamente sobre aquilo em que acredita e lhe responde:

— Fico feliz que tenha encontrado sua fé, meu filho, mesmo que não seja aquela que temos, e agradeço a Deus por isso. Como gostaria que os seus irmãos também tivessem esse pensamento tão bom que você tem.

Dalton abraça a mãe e reafirma:

— Tudo à sua hora, tudo à sua hora, mamãe. Por enquanto, agradeçamos a Deus, somente agradeçamos — e a beija com carinho.

7

Com o passar dos dias, Dalton fica de olho no irmão, procurando inclusive saber com os outros funcionários como ele está se comportando, mas, infelizmente, nada descobre. Humberto está cada vez mais fechado, até com Laura já não fala com tanta frequência, apenas o necessário, para saber sobre o plano que ela diz ter para derrubar de vez o irmão mais velho.

Nesse momento, entretanto, Humberto chega à sala da irmã e lhe pergunta sério, com poucas palavras:

– Como está nosso plano, maninha, já tem alguma posição?

Laura estranha seu semblante rude, pois Berto sempre fora gentil com ela.

– Nossa, Berto, o que está acontecendo com

você? Nem me cumprimenta mais! O que há com você, meu irmão? Sabe que pode contar comigo. O que o está afligindo?

– Nada – diz ele –, mas será que até você vai ficar pegando no meu pé agora? Não basta o papai, Dalton, e até a mamãe? Só quero saber o que você está fazendo para agilizar nosso plano, afinal, pediu--me para que o deixasse por sua conta, não é mesmo? Quero ver ação, maninha.

Laura se estremece. Nunca vira o irmão assim tão sério e com olhar de poucos amigos.

– Se não quer me contar o que há com você, vou respeitar, mas lhe asseguro que está tudo caminhando mais rápido do que pensei. Dê-me mais um mês, e garanto que Dalton vai ter o que merece. Pode esperar, está bem? E olhe, Berto, se quiser conversar sobre o que anda preocupando-o, procure-me depois da aula, que serei toda ouvidos.

Mas o rapaz apenas se limita a dizer:

– Vou lhe dar mais um mês, Laura. Se não conseguir nada, tratarei de fazer do meu jeito!

E sai, deixando a irmã bastante preocupada com aquela atitude tão repentina.

"Minha nossa, o que será que deu nele? Era sempre tão amigo e agora até parece que não quer nem mais minha amizade de irmã, eu que sempre estive ao seu lado. Preciso ficar de olho nele, para que não ponha tudo a perder."

Nesse instante, o telefone toca. É Sílvia, avisando que chegaram flores para ela.

Laura sai da sala e pergunta:

— Você sabe quem as mandou?

— Não, Laura. Foi um garoto quem trouxe e está sem cartão. Vai ver algum admirador secreto – diz ela, com um sorriso malicioso.

Laura se irrita:

— Se não tem remetente, jogue no lixo, e se chegarem outras, sem nenhum cartão, nem me avise. Fui clara?

Sílvia se retrai:

— Como quiser!

Laura volta para sua sala.

— Tenho certeza de que foi aquele idiota! Pensa que me engana, mandando sem remetente, mas vou ter uma conversa com ele hoje, e desta vez vai ser pra valer! Então, ou ele faz o que preciso, ou nem sequer vai falar mais comigo.

Chegada a hora de ir para a aula, Laura está toda produzida, colocou sua roupa preferida, caprichou na maquiagem, ajeitou seus belos cabelos negros, borrifou uma boa dose do seu melhor perfume, e, então, saindo, passa pela mãe, que não deixa de notar a filha tão bela.

– Puxa, Laura, aonde você vai assim, toda arrumada? Não tem aula hoje ou é algum namorado novo?

– Nem uma coisa nem outra, apenas estou inspirada hoje, e vou à aula, sim – responde, sorrindo e despedindo-se da mãe.

Chegando à Faculdade, o primeiro que encontra é Antonio Carlos, que, quando a vê, suspira e exclama:

– Mas que visão mais bela! Você está linda, Laura!

Laura finge que nem ouve o galanteio do rapaz, dizendo apenas:

– Espere-me quando a aula terminar. Preciso falar com você, está bem?

Antonio Carlos nem acredita no que ouve:

– Com certeza, e vou torcer para que as aulas acabem mais cedo!

Ela continua a andar e vai direto à sala. Quando entra, todos, sem exceção, admiram sua beleza e os cochichos começam.

Uns falam que ela está apaixonada, outros dizem que está tentando conquistar alguém, outros nada dizem e só observam a garota que insiste em esnobar beleza. Pena que sua beleza não se iguala à sua simpatia. Pobre de amizades, não faz questão nenhuma de se relacionar com os colegas de classe, não sentindo nenhuma afabilidade por ninguém. Apenas Antonio Carlos é a pessoa com quem tem alguma afinidade, mas também por outros interesses. Interesses que irão mais além e que deixarão marcas em ambos. Pela fraqueza, o rapaz arcará com graves sanções negativas, e Laura, por sua vez, com cicatrizes profundas, arcará com as consequências.

Chegando o final da aula, Antonio Carlos está ofegante de ansiedade e procura pela moça.

– Então, vamos conversar aonde? Você é quem manda, minha princesa.

Ela não esconde a satisfação de ter conseguido o que queria e, sorrindo, responde-lhe:

– Vamos a algum lugar requintado e aconchegante, afinal, não me produzi toda para ficar dentro de um carro. Hoje eu levo você, é meu convidado. Está bem assim, ou você se opõe?

Antonio Carlos não esperava tamanha cantada e afirma:

— Como já lhe disse, você manda, mas espero que não queira ir a locais públicos, pois sabe da minha condição.

— Fique tranquilo, tolinho, não vou expô-lo, mesmo porque, também não quero me expor a uma sociedade fofoqueira. Quero ir a um bom restaurante, que fica nas imediações da cidade. É um local discreto, e ninguém nos conhece por lá. E, depois, ficaremos ao acaso, pois já avisei minha mãe que vou chegar tarde. E agora vamos! Não temos tempo a perder — e entra no carro, logo seguida por Antonio Carlos, que está ansioso para saber o que ela está querendo.

Logo chegam a um restaurante de pequeno porte, mas muito elegante, e ele a acompanha, como se estivesse levando a primeira dama do país. Entram, procuram por um local bem discreto e logo são atendidos pelo garçom.

— Sejam bem-vindos. Fiquem à vontade, que logo virei atendê-los.

Os dois agradecem e entreolham-se. Antonio Carlos está radiante e inicia a conversa:

— O que a fez querer me ver a esta hora e com toda essa produção? Você está maravilhosa, Laura! Linda! Muito linda! — e pega sua mão.

Laura não recusa e lhe diz:

— Você pode não acreditar, mas estava com saudade de você.

— Você nem sonha o quanto esperei por isso! Não consegui tirá-la da minha mente um só segundo, até minha esposa percebeu. Tive de inventar grandes problemas para que ela aceitasse meu silêncio e minha recusa por ela.

— Você precisa ser discreto – diz Laura, segurando a sua mão –, senão, todos vão perceber, e aí tudo vai se acabar, porque eu não quero ser motivo de falatório. Já estou muito mal com meu pai e, se isso acontecer, não irei mais vê-lo! Pode acreditar. Mas não é isso que me trouxe aqui hoje. Quero lhe fazer uma pergunta e quero que seja honesto comigo. Você trabalha com comércio exterior, e imagino que conheça muitos países, estou certa?

Ele se surpreende com a pergunta, mas responde:

— Sim, trabalho, você sabe, agora... quanto a conhecer outros países... O que isso tem a ver com nossa conversa?

— Tudo, vou precisar de um favorzinho seu, se você puder, é claro, mas irei ficar muito feliz se disser que sim – explica, fazendo beicinho.

Antonio Carlos encontra-se paralisado diante dela, e não conseguiria lhe negar nada.

– Diga, minha linda, o que é? Prometo que irei até o fim do mundo por você.

– Depois do jantar. Agora, vamos fazer os pedidos e brindar o nosso encontro, está bem?

Ele concorda, mas, ao mesmo tempo, preocupa-se com o que aquela garota poderia estar tramando e pensa: "Meu Deus, devo estar louco mesmo! O que estou fazendo aqui, ao lado dessa linda mulher, e ainda prometendo o mundo a ela?".

Nisso, o garçom o faz voltar à realidade, trazendo a bebida, um bom vinho, que é servido, e os dois brindam.

– Ao nosso encontro que, com certeza, será um dos melhores – festeja Laura, e os dois bebem levemente de suas taças.

Terminado o jantar, que ela faz questão de ajudar a pagar, saem rumo ao próximo motel, onde ela iria propor o mais vil acordo que Antonio Carlos já pensara em participar. Mesmo sem saber a verdade, já era cúmplice de seus atos insanos.

Entram no quarto luxuoso, Antonio Carlos a carrega no colo, com Laura deixando-se levar facilmente, e, quando ele a deita na cama, ela lhe revela:

— Primeiramente, vou lhe falar sobre o favorzinho, e, se você aceitar, não vai se arrepender.

E após beijá-lo, fala sobre o que deseja dele.

— O que preciso, Antonio Carlos, é que você me ajude a abrir uma conta em um banco no exterior, em algum paraíso fiscal, onde tudo é sigiloso.

Ele se retrai e indaga, um pouco preocupado:

— E por que, Laura? O que está pretendendo com isso? Não me vai dizer que está querendo roubar a empresa de seu pai, está?

Ela já esperava por essa reação, mas já estava com tudo planejado em sua mente.

— Olhe, se você não quiser ou não puder, está tudo bem. Arrumarei outro para fazer isso — declara, saindo da cama em um salto.

Ele, ansioso para não perdê-la, argumenta:

— Calma... Eu não disse que não irei ajudá-la, apenas quero saber se isso não é alguma coisa errada, pois não quero levar a culpa depois.

— Não há nada de errado, trata-se apenas de uma conta no exterior, e não é para mim, não. É para meu irmão mais velho, o Dalton. E como ele não quer que papai saiba disso, pediu-me ajuda. Ele é meio bronco nessa jogada de investimentos, só sabe trabalhar duro, nem estudar ele estudou, veja por esse ângulo. Ele só quer ajuda, e para quem mais eu iria pedir, afinal, estamos unindo o útil ao agradável. Eu sei que é difícil para você, mas é a única pessoa em quem confio – mente ela, com a expressão de uma perfeita atriz.

O rapaz fica em silêncio por alguns instantes e depois diz:

– Vou pensar com carinho, mas me assusta essa sua história. Por que seu irmão não pede ajuda a algum agente financeiro? Tem tantos por aí, não desejo me meter em enroscada, principalmente com a polícia federal.

Ela, então, volta para a cama como quem está ardendo de paixão e começa a beijá-lo, dizendo:

– Tudo bem, amor, relaxe. Depois você pensa com calma, agora vamos aproveitar nossa noite... – e recomeça a beijá-lo, deixando Antonio Carlos à mercê de suas vontades.

Isso era parte dos planos de Laura, e Antonio Carlos nem sonha no que está entrando, pois a paixão pela garota aumenta a cada dia, e ele estará, muito em breve, totalmente dominado e cego por esse amor, que lhe trará grandes dissabores.

8

Passa a semana, Laura está impaciente e liga, com voz meiga, para Antonio Carlos:

– Bom dia, meu amor, diga-me que já tem uma boa notícia para mim!

Ele, do outro lado, todo feliz, responde:

– Bom dia, minha princesa, você está bem? Estou com saudade.

Ela nem responde aos elogios e insiste:

– Estou bem, sim, e ficarei melhor ainda se me disser que já tem uma posição sobre o que lhe pedi.

– Fique tranquila, Laura. Já contatei um Banco conhecido aqui na empresa, e não terá problemas. Basta você me arrumar os documentos do seu irmão, mas tudo tem de ser feito legalmente, certo? Nada pode dar errado, senão eu estarei em situação difícil. É preciso saber como serão processadas as remessas de dinheiro e qual será o valor, porque você sabe que lá só aceitam uma determinada quantia. Será que ele estaria disposto?

– Querido, é só me dizer o que tenho de fazer, e o resto eu resolvo, está bem?

E assim o fizeram. Laura consegue os documentos necessários, sem que ninguém desconfie, e põe seu maligno plano em ação. Tudo certo, agora só falta o dinheiro. Ela tem algumas economias e vai pedir a Humberto as dele também. Ficariam sem nada por hora, mas, segundo ela pensava, valeria a pena. Assim como tinha certeza de que seu plano era inteligente e de que nada poderia dar errado agora. Com o tempo, iria fazer remessas da própria empresa, pois estava disposta a tudo para pôr um fim na reputação de seu próprio irmão.

Dalton de nada desconfia, ultimamente eles estão em paz em casa, uma falsa harmonia, que deixa os pais também despreocupados.

Dalton está firme em seus conhecimentos doutrinários, e foi num desses trabalhos de desenvolvimento mediúnico que ele teve a surpresa de receber uma mensagem de alguém que se dizia um grande amigo seu. E esse Espírito dizia a Dalton que o perigo da maldade estava rondando sua vida, que ele poderia sofrer muito, e orientava-o para que se precavesse e orasse muito, principalmente pela família.

Dalton chega a se preocupar, mas, rapidamente, tranquiliza-se, achando que era apenas uma atenção aos problemas que enfrentava com os irmãos mais jovens, e não se deixa abalar. Ora bastante e vai para casa, chegando a falar com a mãe, relatando-lhe a mensagem recebida e perguntando-lhe:

– Mamãe, o que a senhora acha disso? Será que eles estão tramando novamente contra mim? Parece-me que as coisas aqui tomaram jeito, não é?

– Você sabe, filho, o que penso a respeito dessa religião, mas penso que não deva se preocupar. Deve ter sido só um aviso, além do mais, aqui em casa, não temos tido mais brigas já faz algum tempo. Nem Humberto tem chegado tarde, só está meio fechado ultimamente, não conversa mais com ninguém, nem com Laura, a quem era tão apegado. Mas sei que está bem.

– Sinceramente, mamãe, acho que esse silêncio dele é preocupante. Não sei, não, mas aí deve ter alguma coisa errada. Assisti a uma palestra outro dia que falava sobre drogas e alertava que, quando um jovem começa a ficar trancado o dia todo e não fala mais com a família, é porque está escondendo um grande problema.

Cecília, por sua vez, logo sai em defesa do filho, dizendo:

– Não pense assim, Dalton. Seu irmão é um menino bom e jamais faria isso. Esse seu modo quieto deve ser pelo motivo de ele se encontrar cansado, pois não estava acostumado a trabalhar tanto assim. Não quero nem pensar na possibilidade de envolvimento com drogas e lhe pediria que não falasse sobre isso com seu pai, está bem?

Dalton se assusta com a resposta da mãe e procura acalmá-la:

– Fique calma, mamãe, só dei um exemplo, não estou afirmando nada, e pode ficar tranquila, que não vou dizer nada para o papai. Mas lhe peço uma coisa: fique de olho nele, já que eu não posso, está bem?

Cecília balança a cabeça e continua a fazer suas tarefas, pensativa.

"Meu filho jamais faria isso... Às vezes, acho que Dalton se preocupa demais."

Enquanto isso, Humberto se prepara para ir às aulas, desce e nem se despede da mãe, já que não jantou também. Cecília o observa e vê que ele está estranho, mas não deixa seus pensamentos tomarem conta de sua mente, em relação ao que Dalton lhe dissera havia pouco.

Humberto, na verdade, não vai à aula e se encontra com seu amigo Rafael, perguntando-lhe: – Tudo bem, Rafa? Você está só hoje? Onde estão os outros camaradas?

Rafael, meio confuso, responde:

– Não sei, não, meu amigo. Hoje ninguém apareceu por aqui. Deve ter acontecido algo estranho, já que eles não deixam de vir por nada.

Humberto parece decepcionado. Esperava encontrar-se com sua turma para, juntos, começarem uma rodada de bebida e, por certo, da terrível companhia das trevas: "as drogas". Então, diz ao amigo:

– Que pena, estava muito a fim de uma rodada... E agora, o que faremos? Eu não vou à aula... Estou entediado e cansado... Não aguento mais aquela Faculdade.

Rafa limita-se a aconselhar o amigo:

– Fique ligado, amigão. Se seu pai descobrir que não tem ido mais às aulas, não sei o que fará a você. Já pensou nisso?

Humberto nem dá ouvidos ao amigo e apenas comenta:

– Pouco me importa se ele descobrir. Ele bem sabe que eu odeio esse curso e que o estou fazendo por vontade dele, não minha. E vai fazer mais o que comigo? Já estou trabalhando em serviços braçais na fábrica e recebo uma miséria que não dá nem para as cervejas. Não fosse mamãe me ajudar, não sei o que seria de mim. Bem... Vamos dar uma volta de moto por aí para ver se achamos os camaradas. Vamos, Rafa, suba aí, que hoje eu estou a fim de qualquer parada.

O amigo, mais que depressa, monta na garupa da motocicleta, e os dois saem sem rumo a rodar pela cidade, não demorando muito para encontrarem os demais participantes da turma: estão em um bar da periferia, e logo Humberto e Rafa já estão enturmados.

Mal sabem o terror que ali está: grande tumulto de jovens, sem preparo algum, a beber e a se drogar. Junto com eles, também se encontram muitos irmãos desencarnados e perdidos, que não conseguem se livrar do vício que abraçaram enquanto estiveram na carne. Ficam como que grudados aos jovens, a sugar suas energias, conseguindo, assim, um pouco do prazer do consumo das bebidas e dos produtos químicos, que absorvem sem cessar.

Deixando esses jovens sem rumo, eles os vampirizam de forma crucial e dolorosa, querendo mais, sempre mais, até a exaustão. Então, quando eles se apartam de suas vítimas, deixam-nas em estado de miséria.

Assim como Berto, os jovens encarnados não os percebem, estão em estado de êxtase, nem pensam mais em Deus, ou em qualquer outra ajuda. Quando retornam à realidade, só resta um vazio incessante e os calafrios. Sua vontade é maior do que a razão e logo estarão envolvidos novamente com os mesmos parasitas de antes. E esse círculo não demora a afetar, cada vez mais, suas mentes, até que partem desse plano sem o menor entendimento, vindo assim a se agruparem com a mesma turma de parasitas infectantes de almas.

Humberto está totalmente envolvido com a bebida e as drogas. Na verdade, não queria e nunca desejou isso para si, mas a insistência dos colegas acabou arrastando-o para o abismo sem volta. Agora, só quer estar junto daqueles que chama de "meus camaradas", não se preocupa mais com as aulas, afinal, já faz algum tempo que não participa, frequentando apenas de quando em quando para não dar abandono de curso e, assim, vai levando sua vida medíocre, achando que, com essa atitude, vai conseguir galgar algum espaço em sua vida terrena.

Mal sabe ele o que o espera, pois, cada vez mais, será arrastado para o fundo e, quando isso acontecer, não será fácil se recuperar, não sairá sem sequelas e terá uma difícil jornada, tanto física quanto espiritual, pois, quando nos lançamos nessa região das trevas, nada nos será fácil; o livre-arbítrio é um caminho que só você conduz. Cada ação terá uma reação, boa ou má, e cabe a cada um realizar o seu próprio destino.

Finda a noite, logo cada um vai tomando o próprio rumo, e Humberto também o faz; meio zonzo e com a cabeça vazia, apanha sua motocicleta e vai para casa. Não sabe como chegou, não se lembra de quase nada, vagamente se recorda de que estava em um bar. Entra em sua casa, já é tarde, todos estão dormindo, menos Laura, que o espera em seu quarto, sentada em sua cama. Humberto, ao entrar no quarto, depara-se com ela, que, sem rodeios, vai logo lhe dizendo:

– O que está acontecendo com você, meu irmão? Ando notando que não fala mais comigo e com ninguém daqui de casa, está me parecendo embriagado. O que está acontecendo, Berto? Abra-se comigo, sou sua irmã, lembra-se? Aquela que o ama.

Humberto, meio ziguezagueando pelo quarto, diz à irmã:

– Por que essa preocupação comigo? Não há nada de errado, só estou cansado, só isso.

Mas Laura não desiste:

– Você pensa que me engana, não é, mano? Sei que não está indo às aulas, que falta mais do que vai. Por onde tem andado, Berto? Não quero perdê-lo, meu irmão. E olhe, as coisas estão bem próximas de nosso êxito. Já enviei o dinheiro para a conta no exterior, em nome de Dalton, e agora vou conseguir aliados, subornados ou por qualquer outro meio de desviar dinheiro da empresa para o nome dele. Quero ver a cara do papai quando souber, e com todas as provas necessárias. Por isso, preciso de você bem, meu irmão, senão nada vai dar certo. O que me diz?

Berto a olha como se não a estivesse vendo, pois está com a cabeça longe dali. Nem ouve direito o que Laura lhe diz e responde meio vagamente:

– Faça como achar melhor... Eu já deleguei a você a autoridade para isso. Deixe-me dormir agora, está bem? Boa noite, maninha.

Laura sai bastante preocupada; nunca vira o irmão assim, mas pensa consigo mesma:

"Ele é adulto e deve saber tomar conta de sua vida, e eu tenho muitos problemas para resolver. Não vou me meter nisso também... É problema dele, que se cuide!" – e vai dormir também.

9

Passaram-se vários meses, e Laura já conseguira aliados no setor de vendas e exportação. Agora estava fácil conseguir seu intento e, com a faca e o queijo nas mãos, iria pôr em prática seu plano diabólico! Então, espera na saída da aula por Antonio Carlos, que está se separando da esposa para ficar com ela. Pelo menos, é assim que ele pensa.

O rapaz chega, todo sorrisos, perto da garota e beija-a.

– Que saudades, minha princesa!

Laura não esconde sua felicidade também, apesar de ser outro o motivo desse sentimento.

– Também estou com saudades. Que tal irmos ao nosso local preferido o mais rápido possível?

– Já havia pensado nisso e até já reservei uma

suíte para nós. Vamos, que tenho uma surpresa para você.

Laura, por sua vez, fica meio desconfiada.

– Espero que seja boa, porque tenho uma para você também.

E os dois saem rumo ao ninho de amor, e, quando estão acomodados, Laura lhe confia:

– Sabe, hoje estou feliz graças a você, pois consegui o que queria e vou lhe contar, já que agora sei que posso confiar em você.

Antonio Carlos está curioso. O que Laura teria conseguido graças a ele?

– Pois me diga, estou curioso.

Então, Laura relata em detalhes o que fizera contra o irmão, deixando Antonio Carlos preocupadíssimo, dizendo-lhe:

– Espero que saiba o que está fazendo. Isso é crime, e você sabe disso, e também não quero que me envolva nisso. Você sabe da minha condição: sou pequeno perante você e, se souberem que foi através de mim que conseguiu seu intento, fatalmente perderei meu emprego e ainda terei de responder à justiça. Você já pensou nisso, não é mesmo?

Laura se surpreende com Antonio Carlos,

pois achava que ele ficaria ao seu lado a qualquer custo.

– Não se preocupe. Sabe que não vou dizer nada a ninguém, mesmo porque, tem minha gente envolvida nisso, e eu sei perfeitamente sobre os problemas que isso causaria, e a mim principalmente. Não pense que sou tola. Preparei as coisas direitinho, para não dar nada errado. Fique calmo.

– Como ficar calmo, Laura? Você não está pensando que seu irmão é um perfeito idiota, não é? Ele é inteligente, sim. Não é porque não estudou que é burro, ele vai reagir, e com força, pois não vai permitir que estraguem a sua reputação assim tão fácil, como você quer. E se ele investigar e ficar sabendo do seu golpe, como ficaremos nisso? Eu sou seu cúmplice, até que provem o contrário!

Laura o abraça, tentando acalmá-lo.

– Deixe isso comigo... Está bem? E pode ficar sossegado, pois jamais o entregarei, mesmo sob tortura – brinca ela. – Mas... conte-me a sua surpresa... Também estou curiosa.

Antonio Carlos pensa um pouco e apenas diz:

– Não era nada de especial. Era só para vê-la mesmo; estava com saudades.

Aquilo que iria dizer sobre sua separação ficaria

para outra hora. No momento, ele se encontra mais focado no problema sério em que Laura o metera. E ela lhe pergunta:

– Você ficou chateado com o que lhe contei, não é mesmo? Mas lhe juro que jamais o trairei. Você me ajudou e lhe sou eternamente grata – e o beija.

Antonio Carlos está confuso: "E agora? O que farei? Essa garota é problemática e não pensa nas consequências. Qual será o seu próximo plano?".

Mas, como gosta muito dela, entrega-se e deixa acontecer.

No dia seguinte, Antonio Carlos está com a cabeça fervendo. Não consegue trabalhar direito e fica remoendo o acontecido.

"Meu Deus, onde fui me meter? E pensar que quase larguei minha família por ela... E agora, o que faço? Se romper com ela, com certeza vai me pôr na boca do leão. Se eu ficar, vai me envolver ainda mais. Tenho de tomar uma decisão, e rapidamente, pois senão irei me arrepender."

E fica arquitetando planos em sua mente, até que chega a hora de ir para a aula. Lá, encontra Laura no corredor.

– Boa noite, Laura. Tudo bem? – faz de conta

que não está preocupado, para que ela pense que está tudo bem.

Ela responde sorrindo, e caminham para a sala de aula.

Enquanto isso, Dalton está ficando mais preocupado com os irmãos. Tem tido sonhos horríveis com eles, mas não consegue chegar perto de nenhum deles, nem mesmo no sonho. Sente que está acontecendo algo diabólico, mas não sabe exatamente o que é, e toda noite pede proteção ao plano espiritual. Ora por si mesmo e pela família. Está sempre a falar com a mãe, que não lhe dá ouvidos sobre suas suspeitas, pois acha que Dalton se preocupa demais, e, em uma dessas conversas, ela lhe diz:

– Dalton, meu filho, pare de se preocupar com seus irmãos e vá viver sua vida. Você é um rapaz tão bonito, e até hoje não namorou ninguém. O que há com você? Ainda não encontrou nenhuma garota que lhe interessasse?

Dalton sorri.

– Não estou preocupado com isso, mamãe. Eu acredito que tudo tem a hora certa, e, se não encontrei ainda, é porque Deus tem outros planos para mim. Com certeza, ele me enviará a mulher certa na hora certa.

Cecília ouve o relato do filho e não se contém:

— Você está ficando um perfeito beato, filho, nem parece que tem vinte e cinco anos. Jovens dessa idade querem mais é namorar e curtir a juventude.

Dalton abraça a mãe.

— A senhora não se preocupe, está bem? Veja, nem Laura nem Berto namoram também. Na verdade, é porque ainda não encontramos nossas almas afins, mas não está longe não, minha mãe, logo a senhora terá surpresas.

E sorri, deixando Cecília sem graça. Então, Dalton sai e a mãe começa a pensar no que o filho lhe dissera:

"Por que será que nenhum deles se interessara por namorar? O que estará acontecendo com meus filhos?" – mas logo se distrai com seus afazeres.

Na empresa, Laura se apressa em adiantar seu plano; está envolvida com funcionários de índole duvidosa que, por dinheiro fácil, são capazes de fazer qualquer coisa, e logo seu plano estará na reta final. Começa a desviar dinheiro da empresa, e em grandes quantias. Apesar de a indústria ser grande, logo vai começar a aparecer o desfalque, e as auditorias vão chegar. Laura sabe que terá de estar preparada.

Ela sabe que o escândalo será de grande proporção e que seu pai irá sofrer, mas está decidida a ir até o fim.

O tempo passa, e o final do ano está chegando. Laura e Antonio Carlos estão agora meio distantes, e ela está fazendo terrorismo com ele, ameaçando-o toda vez que ele se recusa a sair com ela. Deixa-o em pânico, e ele se rende para que sua situação não fique pior. Laura até se diverte com isso, deixando o amante em situação constrangedora.

Mas tudo na vida tem seu preço, e esse ele terá de pagar! Deixou-se envolver pelos caprichos de uma bela e jovem mulher, sabia dos riscos, mas nem em sonho imaginaria que ela o levaria ao desespero. Tenta conversar com Laura, para pôr um fim no relacionamento deles, mas ela é irredutível em sua opinião, dizendo que, se ele a deixar, vai contar à sua esposa tudo o que ele fez. Que não vai perdoar nada!

Antonio Carlos está ficando cada vez mais preso em seu laço de intrigas, está em suas mãos, e não sabe mais o que fazer. Fica calado o tempo todo, não conversa mais com ninguém, nem seus colegas de classe conseguem desfazer sua carranca durante as aulas. Até que um dia, Mônica, sua colega de classe, interpela-o:

– O que está acontecendo, Antonio Carlos?

Você era tão divertido, e agora parece que come fel todo dia. O que há, meu amigo? Sei que não é da minha conta, mas gosto de você e gostaria de poder ajudá-lo.

– Não há nada, não, só estou cansado. Trabalhar e estudar não é fácil, principalmente quando se ganha pouco. Mas obrigado pela preocupação. De qualquer forma, fique tranquila, pois não tem nada de errado comigo – responde, meio sem jeito.

Mônica sabe que tem alguma coisa séria a incomodá-lo, mas aceita a resposta do amigo, dizendo:

– Bem, se precisar de ajuda, é só me avisar, certo?

Ele sorri e nada responde e, quando vai saindo, encontra Laura, que o olha com furor e lhe pergunta rispidamente:

– O que você estava falando com aquela fofoqueira?

Ele abana a cabeça negativamente enquanto responde:

– Nada que lhe diga respeito, Laura. Ela é uma colega de classe como todos os outros – e afasta-se, deixando-a fuzilando de raiva.

"Se ele pensa que pode me tratar assim, está enganado; que se cuide."

Laura espera o final da aula para falar com Antonio Carlos, mas ele vai embora sem dizer nada, nem sequer se despede dos colegas. Ela dirige-se, então, até o estacionamento da escola e logo o vê saindo. Chama-o, mas ele não ouve, e, então, decide segui-lo. O rapaz nem percebe que está sendo seguido por ela e, quando chega a sua casa, seus filhos abrem a porta e pulam em seu colo, o que a deixa contrariada.

"Isso não vai ficar assim, mas não vai mesmo! Esse idiota acha que pode me enfrentar, mas não perde por esperar" – e vai embora com mil planos na mente.

Uma semana se passa, e Laura mal consegue falar com Antonio Carlos, e, então, resolve chamá-lo para uma conversa depois da aula. Ele não se nega, pois sabe do que a garota é capaz, e fica bastante apreensivo.

Chegado o fim da aula, Laura sai, como de costume, depois dele, e o encontra no estacionamento. Ele, que a está esperando em pé, perto do seu carro, pergunta-lhe de maneira rude:

– O que você quer, Laura? O que está planejando agora? Sabe que chego a ter medo de você?! Aquela linda garota que conheci mudou muito. Mas me diga: o que deseja?

Laura, com sua astúcia e determinação, chega

bem perto de seu ouvido e, voluptuosamente, responde-lhe:

— Só você, nada mais.

— Você sabe que gosto muito de você, mas está brincando com fogo, e quero ficar fora desses seus planos. Não quero me queimar! — diz ele, por sua vez.

— Você ainda está preocupado com o que lhe contei? Já lhe disse que isso é problema meu, só meu, e você não tem nada com isso. Agora, só quero ter você um pouco comigo. Não está com saudade? — e começa a beijar seu pescoço.

— Pare com isso, Laura! Vamos conversar — diz, resistindo aos seus afagos. — Vamos até aquele bar que costumamos ir. Vou à frente, e você me segue, está bem?

Laura concorda e segue-o. Chegando ao local determinado, ela logo se revela:

— O que está acontecendo com você? Agora deu para me esnobar? Não fala mais comigo, sai antes de terminar a aula, o que há? Não vá me dizer que está morrendo de medo e não quer mais me ver. Se for isso, pode tirar seu cavalinho da chuva, porque não vou desistir. E queira ou não, quero ficar com você.

Antonio Carlos nem respira direito.

– Laura, tente entender, sou um homem casado, tenho dois filhos maravilhosos, sou pobre perante você, e isso não é certo. Você é jovem, bonita, rica, pode ter o homem que quiser aos seus pés. Eu não posso lhe dar nada, muito menos amor, porque eu amo minha família, e você sabe disso. O que aconteceu conosco foi uma aventura, e foi tudo, é só isso. E lhe asseguro que não estou morrendo de medo, como você diz. Eu só quero ficar em paz e cuidar da minha família. Eu não vou mais encontrá-la. Este nosso encontro de hoje é o último e nisso você pode apostar. Estou cansado de seus hábitos chantagistas e, se quiser me ferrar, vá em frente, se quiser me dedurar para a polícia, faça isso. Quem sabe, pagando pelo que fiz, vou merecer um pouco de paz.

Laura está estarrecida, mas não baixa sua soberba.

– Você deve estar brincando, não é mesmo? Você sabe que eu não iria fazer nada disso, mas contar para a sua esposa, pode ter certeza, é o que vou fazer, se teimar em me deixar! Eu não queria isso no começo, lembra? Eu só queria prazer, mas fui traída pelos meus sentimentos, e hoje sei que amo você, e não quero perdê-lo – e tenta abraçá-lo.

Ele se afasta, dizendo:

– Chega, Laura! Chega! Não vou mais me

dobrar aos seus encantos. Faça o que quiser, estarei apto para enfrentá-la. Se quiser guerra, é o que terá, mas agora chega de papo! Eu vou embora, e é pra valer, está bem? – e sai.

Laura, paralisada, começa a chorar, coisa que não faz por nada, pois chorar, para ela, sempre foi motivo de fraqueza, e agora estava ali, chorando como uma criança que perdeu seu brinquedo favorito.

Depois de alguns minutos, ela se recompõe, enxuga o rosto e vai embora. No caminho, começa a ter ideias mirabolantes.

"Se ele quer assim, vai sentir o peso da minha ira e saberá também como é ser rejeitado e desprezado. Amanhã mesmo, vou procurar a esposa dele e contar tudo, nos detalhes mais sórdidos possíveis. Daí quero ver quem vai sofrer mais, eu ou ele?

E assim o fez. No dia seguinte, espera por alguns minutos na frente da casa de Antonio Carlos, até que vê sua esposa chegar. Aguarda mais um pouco e se encaminha até a porta. Aperta o botão do interfone, e Alice, a esposa de Antonio Carlos, vem atender.

– Bom dia. Você deseja...

E Laura, com a maior cara de pau, lhe diz:

– Olá, eu sou Laura e preciso ter uma conversa muito séria com você, posso?

Alice se assusta um pouco e pergunta:

– Do que se trata? Eu a conheço? É alguma coisa com meus filhos? Eu acabei de deixá-los na escola.

– Não se preocupe – responde Laura –, não é nada com seus filhos. É a respeito de seu marido, mas, por favor, se não quiser conversar aqui, podemos ir a outro lugar.

Alice a olha de cima a baixo, com um olhar de desconfiança. Vê nela uma garota muito bem trajada, e de belos traços. O que poderia saber sobre Antonio Carlos? Ficou temerosa, mas a curiosidade logo fala mais alto e, então, responde:

– Entre, por favor, não quero chamar a atenção dos vizinhos.

Laura entra e olha para todos os lados. Era uma casa modesta, mas de muito bom gosto, tudo muito bem arrumado. Nem parecia que tinham crianças em casa.

Alice a convida para se sentar e pede:

– Por favor, diga do que se trata, pois não tenho muito tempo; como vê, não tenho empregados, cuido de tudo sozinha.

Laura quase desiste, mas logo sua mágoa lhe

vem à mente e, então, começa a relatar seu envolvimento com o esposo de Alice. Conforme vai falando, seus olhos brilham, pois estava pondo em prática o que prometera a Antonio Carlos.

Alice se desespera e começa a chorar e, em meio a soluços, diz:

– Já desconfiava de alguma coisa. Ele andava muito distante da família, não conversava mais comigo, nem se interessava mais por mim, como mulher, com a frequência que tínhamos nesse ponto. Mas me diga uma última coisa, moça: você o ama? Ama de verdade, como diz, ou é só fogo de palha, natural de sua idade.

Então, Laura faz cara de anjo e responde:

– Eu o amo muito e não saberei viver mais sem ele. E tem mais uma coisa que quero lhe contar: olhe, não é certeza, mas estou desconfiada de que estou grávida, e sei que ele ficará feliz com a novidade.

Alice se descontrola.

– Por favor, saia da minha casa. Já deu seu recado venenoso. Agora vá, por favor, saia agora... – e lhe abre a porta da rua.

Laura se levanta, ainda dizendo:

– Pense bem na sua atitude e veja se quer esse homem para cuidar de vocês.

Alice a empurra para fora e bate a porta com força, chorando muito.

"O que fazer, meu Deus? Ajude-me, por favor."

Laura, por sua vez, encontra-se feliz. No momento, era só esperar pelos resultados, e vai trabalhar como se nada tivesse ocorrido. Chega o fim da tarde, e Antonio Carlos retorna do trabalho, mas tem uma grande e triste surpresa, pois quando chega em casa, suas coisas e uma grande mala estão do lado de fora da porta de entrada, e Alice o espera em pé, ao lado delas. Ele, assustado, pergunta:

– O que é isso? O que está acontecendo? Por que essa mala, e todas as minhas coisas?

Alice, com os olhos inchados de tanto chorar, responde-lhe:

– Aqui termina o nosso casamento. Pode procurar pelos seus direitos de pai, porque isso não posso lhe impedir, mas ficar morando com você no mesmo teto, nunca mais. Já tivemos momentos bons, já fomos felizes um dia, agora acabou. Você vai sair desta casa hoje mesmo, e também da minha vida.

Antonio Carlos se estremece todo.

– Do que você está falando? Ficou maluca? De onde veio essa ideia, assim tão repentina? O que aconteceu, Alice? Diga-me, pelo amor de Deus! Diga-me!

Mas Alice permanece irredutível.

– Você bem sabe o porquê. Eu já desconfiava que você estivesse tendo um romance com outra mulher, só não sabia que era uma garota, que mais parece sua filha. Mas como não tenho mais nada com isso, faça o que quiser daqui para a frente.

Antonio Carlos tenta convencê-la de que isso foi caso do passado, que não tem mais nada a ver com a garota, mas em vão, pois Alice o expulsa aos berros:

– Vá para o inferno e leve aquela mulher com você, pois, quem sabe lá, vocês vão se dar bem!

E bate a porta, deixando-o do lado de fora, juntamente com as malas.

Ele olha tudo aquilo e conclui:

"Laura, eu sei que você está por trás disso tudo, mas não pense que ganhou a guerra, pois ela está só começando."

Abre o porta-malas de seu carro, coloca tudo dentro e sai à procura de um lugar para ficar provisoriamente, pois não vai desistir de sua família assim tão fácil. Agora tinha de pôr a cabeça no lugar e não se desesperar. Nada como um novo dia para as coisas se ajeitarem.

10

Laura não vê a hora de ir à aula e encontrar Antonio Carlos para saber, com certeza, o que acontecera em sua casa.

Chega à Faculdade mais cedo e o espera no corredor, mas, assim que ele aparece, passa por ela e nada diz, apenas a ignora e dirige-se para a aula.

Laura, não conformada, vai atrás dele e interrompe os seus passos, perguntando-lhe:

– Tudo bem com você? Parece meio cansado.

Ele não responde e continua a colocar seus livros sobre a mesa.

Ela se enfurece, mas tenta se controlar, pois seus colegas de classe já notaram que entre eles deve ter acontecido algo bem grave, já que Antonio Carlos era sempre todo sorrisos e gentilezas para com ela.

Findas as aulas, todos saem, e Antonio Carlos permanece na sala, até que o professor lhe indaga:

– Você está com problemas sérios, não é mesmo? Quer conversar?

Antonio Carlos diz que não, que só está cansado, mas agradece a preocupação do mestre e sai rumo ao seu carro para ir embora. Ainda não arrumara onde ficar e vai tentar encontrar um hotel provisório para repousar e esquecer um pouco de seus problemas. É quando encontra Laura, que o espera à porta de seu veículo.

– Eu o avisei, mas você me subestimou. E agora? O que fará? Quero que saiba que estou de braços abertos para você.

Antonio Carlos a olha com desprezo e lhe responde, não denotando nem um pingo de sentimento:

– Só de pensar que, um dia, deixei me envolver pelos seus encantos, chego a ter ódio de mim mesmo. Que idiota fui. Deveria ter pensado bem antes de tudo acontecer, de imaginar o que uma garota mimada e cheia de ódio no coração queria!

Faz ligeira pausa e continua:

– Idiota eu fui. Pensei que poderíamos nos entender e nos amar, mas confesso que fui fraco e me deixei levar pela sua beleza e juventude. Como eu queria acreditar em seu amor, Laura, mas, infelizmente, você só me provou o contrário. Usou-me como quis, usou de sua artimanha para me seduzir, e eu caí, caí como um tolo e, se não bastasse, agora quer destruir minha família. Você acha mesmo que ainda teremos algo em comum, juntos? Pode esquecer, e pode acreditar que eu jamais terei alguma coisa a mais com você, a não ser que ainda é minha colega de classe. Esqueça-me, garota. Vá procurar a sua turma de jovens, vá viver a sua vida, que a minha você já destruiu mesmo. Quero que fique longe de mim e de meus filhos. Se quiser se vingar de mim, faça-o, mesmo porque, você só vive para isso, só pensa em prejudicar as pessoas que a amam. Mas tome cuidado, garota, está mexendo com fogo e, com certeza, ainda vai se arrepender, e eu quero estar bem longe de você.

    Laura ouve tudo calada. Sabe que não é hora de contestar os argumentos dele, então faz cara de piedade e ainda diz:

– Eu o amo e quero ficar com você. O que fiz foi por amor, e nessa guerra vale tudo. Hoje você está magoado e ferido, mas vai passar, e, quando isso acontecer, estarei esperando por você, e nisso você pode apostar. Se não quer mais falar comigo, eu respeito, mas lhe asseguro que vou esperá-lo pelo tempo que for preciso – e vai embora.

Antonio Carlos apenas se limita a dizer:

– Quem sabe em outra vida, e Deus, se for pai generoso, não vai permitir isso. Quero que você me esqueça definitivamente. Para sempre – entra no carro e se afasta.

Passam os dias, e Antonio Carlos cumpre o prometido, ignorando-a toda vez que chega perto, o que acaba por deixar Laura bastante revoltada.

Chegando o fim de ano, fim das aulas, ficará bem mais difícil encontrá-lo, mas ela não vai desistir. É paciente e sabe a hora certa de atacar.

Enquanto isso, na empresa de seu pai, já está correndo o boato de que Laura está envolvida com um homem mais velho e casado. E isso chega aos ouvidos de Dalton, que vai tomar satisfação com a irmã. Entra em sua sala sem bater e praticamente ordena:

– Laura, quero ter uma conversa com você, e tem de ser agora!

Laura olha para o irmão com ar de arrogância e lhe responde:

– Em primeiro lugar, não o convidei para entrar. Em segundo lugar, não tenho nada para falar com você.

– Olhe aqui, garota, você já está bem grandinha para levar umas palmadas, pois é o que merece por não ter respeito pelos outros, mas vou falar com você, quer queira ou não. Quero saber se é real o falatório na fábrica, que você está envolvida com um homem casado. Se isso for verdade, e o papai vier a saber, não vou interferir nas atitudes dele, você entendeu?

Laura não esperava essa reação de Dalton, mas não perde a pose.

– Você não tem nada a ver com minha vida pessoal, e o que faço ou deixo de fazer é exclusivamente problema meu. E quem foi que lhe disse que quero sua ajuda? Pode ficar tranquilo que da minha vida cuido eu. E agora, saia da minha sala.

Dalton está estarrecido com a arrogância da irmã. Ela nem teve a humildade de desmentir. Conclui, então, ser mesmo verdade e lhe diz:

– Você se acha a poderosa, não é mesmo? Mas se lembre de que não existe fortaleza que não sucumba à arrogância, e você ainda vai se arrepender dessas atitudes insanas que vem cometendo. Tenho muita pena de você, minha irmã, muita pena, mas, se quer agir assim, só me resta ficar por perto para que o barco não afunde com toda a nossa família dentro – e sai da sala, fechando a porta.

Laura sente-se uma fera acuada e pensa:

"Não posso esperar mais. Já tem uma boa quantia no exterior, e também já posso agitar uma auditoria aqui na empresa, para que descubram os roubos constantes de dinheiro, e aí iremos ver quem ri por último, irmãozinho."

E é o que faz. Começa, então, a dizer ao Dr. Luiz que a empresa está precisando da tal auditoria fiscal, e que ela quer muito aprender sobre isso, afinal, é uma das herdeiras e preza pelo bem do patrimônio. E tanto insiste que o advogado convoca os departamentos da empresa para relatar que haverá uma auditoria geral e dizer para que todos se preparem.

Logo, os cúmplices de Laura são avisados, a fim de pedirem demissão, para que não se envolvam na tal auditoria, e todos que estavam ligados ao desvio de dinheiro se desligam da empresa, e com os bolsos bem cheios, para garantir o silêncio e o êxito de seu plano.

Na semana seguinte, começam os preparativos para o início da auditoria empresarial, e Laura está ansiosa para ver os resultados. Vai à procura do irmão Humberto para relatar que o plano está chegando ao fim.

Chega perto dele e diz:

— Venha até minha sala, que preciso falar com você.

Por sua vez, ele afirma que irá assim que acabar o que está fazendo.

Depois de algumas horas, vai à sala da irmã.

— O que foi desta vez, maninha? Espero que tenha boas notícias, porque já não aguento mais receber ordens do Dalton; ele já está passando do limite e vive se achando meu patrão.

— Acalme-se — diz Laura —, logo mais vai ter uma grande surpresa. Estamos tendo uma auditoria geral aqui na empresa, e logo será descoberto o responsável pelo roubo nos cofres da fábrica. E daí, mano, vamos festejar com champanha a nossa vitória.

Humberto a olha e apenas comenta:

— Espero que tenha feito a coisa certa e não tenha deixado rastros, porque, se papai vier a descobrir, não quero nem pensar o que será de nós.

— Fique tranquilo, mano, que sua irmã aqui arquitetou direitinho o nosso plano, ninguém vai descobrir nada, tudo foi feito conforme as leis, e só Dalton é quem terá de se explicar, pois, quando descobrirem os roubos, irei incentivar uma investigação bancária de todos, inclusive a nossa também. Daí é que vai ser descoberta a conta dele no exterior. Então? O que acha?

Humberto, meio desconfiado, responde:

– Não sei, não, maninha. O Dalton pode ser o que for, mas burro ele não é, e não vai deixar isso barato. Ah, não vai mesmo, e, se descobrir o que aconteceu, pode se preparar, estaremos na rua da amargura, sem nada. Sem contar que os nossos pais vão sofrer muito. Você já pensou nisso?

Laura nem se abala com o que o irmão lhe diz e responde-lhe:

– Não sei por que está preocupado. Não confia em mim? Ninguém vai descobrir nada, muito menos aquele idiota do Dalton, que só pensa em Espiritismo e não quer saber de nada mais. Tenho certeza de que vai dar tudo certo, pode acreditar! E quanto ao sofrimento de nossos pais, isso não tem jeito de mudar. O que sei é que logo acreditarão mais em nós e deixarão um pouco sua adoração pelo Dalton, isto é, se eles não o expulsarem de casa... Porque, se isso acontecer, vai ser melhor ainda – e ri largamente.

Humberto, ainda preocupado e meio sem jeito, apenas concorda.

– Bem, você sabe o que está fazendo, não é mesmo? Vou estar ao seu lado sempre, e agora vou voltar ao trabalho. Até mais, mana.

Laura está radiante e não vê a hora de tudo ser esclarecido. Quer ver a cara do irmão quando descobrirem que ele é o ladrão, e a do pai também! Saber que seu filho adorado é um ladrão da própria família. "Isso vai ser o ótimo" – pensa ela.

Mas não sabe que toda maldade que praticamos contra o nosso semelhante tem o devido retorno, muitas vezes de forma bem dolorida, e que teremos de prestar contas de todos os nossos atos ao Criador.

Em casa, Joaquim e Cecília conversam sobre os filhos.

– Sabe, Cecília – diz Joaquim –, estou preocupado com Laura e Berto. Estão muito bonzinhos para o meu gosto. Achar que mudaram de atitude assim, tão de repente, não acredito. Acho que estão tramando algo terrível, se bem os conheço.

Cecília, ao ouvir essas palavras, fica brava:

– Você tem que dar um voto de confiança a eles, Joaquim. Onde já se viu, falar que só pensam em maldade? Estão trabalhando como você exigiu, não estão? Então, o que mais você quer? Eles já não têm tempo para intrigas, nem os vejo direito, é do trabalho para a Faculdade.

– Talvez você tenha razão, Cecília, mas não custa ficar de olhos bem abertos com esses dois.

– Fique tranquilo, marido, eles estão bem agora. Nem discussões ocorrem mais aqui em casa... As coisas tendem a entrar nos eixos, afinal, são três adultos agora, não é mesmo?

– Espero que sim – concorda Joaquim –, espero que sim.

11

Começa a auditoria na empresa, e Laura continua ansiosa pelos resultados. Sabe que está por horas de tudo ser descoberto e começa a investigar para ver como está caminhando o trabalho dos auditores. Fica observando tudo ao seu redor, até que Dr. Luiz a chama:

– Laura, por favor, venha até a minha sala.

– Pois não, Dr. Luiz, em que posso ajudar?

– Sente-se, por favor. Preciso ter uma conversa com você, antes de falar com seu pai.

– Pode dizer, sou toda ouvidos.

Então, o advogado começa a relatar os indícios de que estaria havendo desvio de dinheiro na empresa, e que ela, seus irmãos e todos os funcionários irão ser investigados.

Ela vibra de alegria intimamente, mas faz cara de preocupação, e diz:

– Mas, doutor, como isso é possível? Aqui não são todos de confiança? Quem seria o responsável por tamanho mau-caratismo?

O homem responde, constrangido:

– Até que provem o contrário, são todos suspeitos, sem exceção alguma. Por esse motivo, é que estou lhe adiantando esse fato, e irei falar também com seus irmãos. Depois, falarei com seu pai e com os administradores da empresa.

– Claro – diz ela –, o senhor tem meu total apoio. Pode contar comigo para qualquer coisa, é só me chamar, que estarei à disposição.

– Obrigado. Assim que tiver terminado a auditoria, vamos nos reunir para ver o que faremos.

Ela se despede do advogado e vai para sua sala, quase correndo e, trancando a porta, manda chamar Humberto, que logo está diante dela. Laura explica que ele deverá ser interrogado e terá que ser preciso em suas palavras, não deixando transparecer preocupação.

– Confesso que estou com um pouco de medo, maninha. Isso tudo é bastante complexo, vai envolver muita gente, e o papai... Como vai ficar? E se ele tiver um troço e cair doente, com Dalton fora, quero saber quem vai cuidar disto tudo? E olhe que, pelo pouco que estou aqui, tem muita coisa em jogo, muita gente, muito dinheiro envolvido... Se não tiver alguém com a experiência de papai, isto vai acabar afundando. Você já pensou nessa hipótese?

Laura, que só pensa no êxito da sua vingança, esclarece:

– Agora é tarde para voltar atrás, Berto. Está tudo saindo como planejei e pode ficar sossegado que papai é forte, só vai ficar meio abalado, mas daí é que entraremos em cena, dando todo o nosso apoio. Por isso, esteja preparado, está bem? Agora, volte para o seu trabalho e fique com os dois olhos bem abertos, certo?

Laura está confiante demais, enquanto Humberto encontra-se bastante preocupado, pois, e se tudo isso der errado? O que será dele? Sabe que não tem mais nada guardado, suas economias foram entregues a Laura, sua Faculdade está fora de cogitação, faltara tanto que o ano já lhe está perdido. Sua cabeça fervilha de "porquês".

Passaram-se mais alguns dias, a auditoria termina e, como Laura previra, foi averiguado que houvera roubos de grande porte, e é, então, que vai começar a investigação. Laura sente que é hora de agir, colocar sua última carta na mesa, e sugere aos administradores que solicitem uma quebra de sigilo bancário de todos, sem exceção. Todos apoiam a ideia de Laura, inclusive Dalton, que nem sonha com o que vai lhe acontecer. Ele ainda diz à irmã:

— Parabéns, Laura, até que enfim está se integrando nos problemas da empresa, e fico feliz por isso. Você teve uma brilhante ideia. Mas, também, tem o outro lado: quem fez isso não seria tolo o suficiente para colocar todo esse dinheiro em sua conta bancária, pois seria óbvio demais, não acha?

Ela se surpreende com a declaração do irmão, mas não fica preocupada e concorda:

— Você tem razão, e é por isso que sugiro também que sejam investigados todos os paraísos fiscais fora do país, pois só assim saberemos com quem estamos lidando.

Todos ficam calados, até que Joaquim se levanta e decide:

— De agora em diante, isso ficará a cargo do nosso setor jurídico, juntamente com a Polícia, e está encerrada a reunião. Que cada um, aqui presente, faça seu trabalho em prol dessa desordem que ocorreu, e quero resultados urgentes. Tenham todos um bom-dia.

Todos entreolham-se e, então, vão saindo um a um. Laura fica com o Dr. Luiz e pergunta:

– Então, doutor, por onde começamos?

– Vamos com calma, Laura. Tudo tem de ser minuciosamente controlado, pois isso não pode virar fofoca aqui na empresa, senão as coisas vão desandar. Primeiramente, vou investigar os últimos desligamentos de funcionários e verificar se não estão se enriquecendo de maneira estranha e repentina. Depois, irei investigar as contas bancárias de todos, mas, para isso, preciso da ajuda da Polícia. Vou abrir um inquérito para o caso, até porque, necessitamos de uma ordem judiciária para quebrar o sigilo bancário. Mas, por hora, nada de comentários, está bem? Você tem que aprender que o silêncio, muitas vezes, vale ouro. E vamos trabalhar agora, porque a vida continua seu curso.

Laura sai meio frustrada da sala do advogado. Já queria ir ao fundo do caso, pois ela, só ela, já sabe o desfecho.

"Que ódio! Isso ainda vai demorar muito! Até acontecer, não sei se vou aguentar. E preciso saber aonde andam meus cúmplices... Não podem ser encontrados... Preciso pensar rápido e despachar todos para bem longe." – e, rapidamente, toma as devidas providências. Não são muitos, apenas duas famílias, que logo são convidadas a partir para algum lugar desconhecido e orientadas para que não voltem por nada, senão irão responder perante a justiça.

Enquanto isso, Dalton procura por ajuda no Centro Espírita que frequenta. E conversa com Nelson, o dirigente da casa.

– Sr. Nelson, estou pressentindo algo ruim, não sei o que é, mas sei que irá acontecer em breve. Minha intuição me diz para ficar preparado e está se tornando cada vez mais insistente. O que será isso?

Nelson ouve, pensa um pouco e, depois, tenta esclarecer o jovem.

– Isso, Dalton, pode ser um aviso de seus amigos do plano espiritual, que o estão preparando. Permaneça com o pensamento elevado sempre e peça ajuda ao seu mentor para que não tenha nada que você não possa resolver. Mas me diga: está acontecendo alguma coisa? Algum motivo para tal pressentimento?

– O pior é que está, senhor Nelson. A empresa está em alvoroço. Estamos tendo auditoria, e descobriram que houve um roubo nos cofres da empresa. Ainda não sabemos quem foi, mas é por esses dias que tudo se resolverá, e eu estou apreensivo. Apesar de nada dever, mas o senhor sabe como é isso, no nosso caso, a família é a principal suspeita, até que se prove o contrário, não é mesmo?

— Nada deve preocupá-lo, meu filho. Nada deverá acontecer a você, uma pessoa de índole impecável. Talvez seja uma preocupação demasiada, que é natural nesses casos. Ore bastante e peça ajuda, sem cessar, aos amigos espirituais, que tudo ficará bem.

— Isso eu faço sempre, mas o senhor se lembra daquela mensagem que recebi há algum tempo? Que dizia que eu corria grande perigo dentro da minha casa? Não levei muito a sério, mas, como o senhor sabe, meus irmãos vivem a aprontar comigo, e agora estou realmente preocupado. Será que algum deles não está aprontando algo? Isso me deixa muito desconfiado, pois sei que aqueles dois são capazes de qualquer coisa.

— Não pense assim, meu jovem — insiste seu Nelson. — Creia em Deus, em primeiro lugar, creia que você é especial e que nada vai abalar sua crença e sua índole. Você não fez nada e não tem nada a temer. Ore por seus irmãos, para que Deus os ilumine e os faça entender, de vez, que vocês são irmãos e merecem ser felizes na família que escolheram para viver, e que só o amor vai livrá-los de todo o mal.

— Espero que isso aconteça um dia — diz Dalton.

– É o que mais desejo, ver minha família unida e sem brigas.

Os dois ficam conversando por horas, com seu Nelson a orientar o rapaz, principalmente para não deixá-lo desanimar, pois o desânimo é o grande malfeitor das almas.

Enfim, é chegada a hora da reunião entre os funcionários da empresa, para pôr em discussão os problemas apurados pela auditoria. Na grande sala de reuniões, estão os diretores financeiros, os dirigentes, os encarregados e a família de Joaquim. À cabeceira da mesa, está o Dr. Luiz, com fisionomia pouco amigável, e é quem inicia a reunião.

– Senhores, vocês todos já sabem qual é o motivo desta reunião. Já recebemos os laudos da auditoria, e é com muita tristeza que posso adiantar que estamos com graves problemas financeiros, e o rombo é grande. Não sabemos ainda quem é o responsável pelo fato em si, mas isso será por pouco tempo, pois já contratamos investigadores e peritos nesse aspecto, e logo teremos o nome daquele ou daquela que forjou, ou melhor, roubou nossos cofres. Alguém tem algo a dizer que possa nos ajudar?

Todos se entreolham, e Laura se manifesta com ar de superioridade, dizendo:

– Gostaria de saber como vai ser investigado esse fato e o que será feito quando o autor aparecer.

– Pode ficar tranquila, Laura – responde o advogado –, nossa equipe de investigação é muito boa, e isso não é um fato inédito. Toda empresa pode passar, por vezes, por essa situação. E quanto ao autor, quando aparecer, vai responder à justiça, pois será enquadrado na lei, como manda nosso estatuto. Será penalizado e terá de devolver aos cofres da empresa todo o dinheiro desviado ilicitamente.

Laura fica eufórica e exclama:

– Só isso? Eu esperava mais de nossa parte. Quem fez isso merece, no mínimo, ser banido, até mesmo da cidade. Onde já se viu?! Roubo é roubo, seja de que natureza for, e esse meliante nos roubou muito dinheiro. E o senhor, papai, não diz nada?

Joaquim suspira e quebra o silêncio:

– Estou bastante preocupado também, minha filha, mas, por hora, só posso dizer que confio nos trabalhos do Doutor Luiz, e sei que ele fará tudo o que for possível. E você vai ajudá-lo. Assim, irá aprender muita coisa.

Dalton ouve tudo calado, enquanto uma voz suave lhe fala ao ouvido: "Dalton, estamos com você, ore, ore e ore". E ele se entrega aos bons pensamentos.

Todos se retiram para suas salas, e Laura vai atrás do advogado.

– Doutor, ainda sou uma estagiária, mas posso dar uma opinião?

– Claro, o que é?

Laura, então, sugere novamente aquilo que falara uns dias atrás.

– Gostaria que fosse quebrado o sigilo bancário de todos, sem exceção. Sei que isso não será fácil, mas, juntamente com essa auditoria, o senhor consegue os mandados, não é mesmo? Assim, pularemos grande parte das investigações. O que me diz?

O Dr. Luiz sente-se meio aturdido com a insistência da garota e, então, diz:

– Não é bem assim, Laura. Temos gente aqui que trabalha desde que seu pai fundou esta empresa, e, se fizermos isso, logo aparecerão as demissões voluntárias, pois não vão aceitar ser objeto de especulação diante de um problema que é financeiro. Eles vão nos processar e ficarão insatisfeitos com a administração, e tudo se tornará um caos. E não é isso o que queremos. Temos de agir com prudência e muita calma. Ser discreto, eis o método dos peritos no assunto. Você entendeu?

Laura fica nervosa, pois quer resolver de imediato aquela situação. Achava que, terminando a auditoria, logo saberiam o autor dos roubos.

– É que estou preocupada, doutor. E se o ladrão continuar a nos roubar? Daqui a pouco, estaremos falidos. Vejo a preocupação de papai e gostaria que isso já estivesse resolvido.

O homem abraça Laura e lhe fala com ponderação:

– Isso é normal na sua idade. Eu também já fui ansioso assim, agitado, queria resolver tudo na hora. Mas, depois de um tempo, vai ver que as coisas têm de ser digeridas com cautela, senão os estragos serão grandes, minha filha. Por hora, vamos esperar, está bem?

– Não quero atrapalhar – justifica-se –, só quero ficar a par da situação, mas está bem assim.

E sai da sala, indo direto para a sua. Acomoda-se à mesa e logo sua mente começa a fervilhar: "Se tenho que esperar, o que posso fazer, não é mesmo? Mas o asseguro, irmãozinho, que você vai se arrepender do dia em que nasceu na nossa família, ah, se vai!". E ri muito.

12

Já É FINAL DE ANO E OS PREPARATIVOS ESTÃO POR toda a parte. A cidade toda está enfeitada, a casa onde mora a família é grande, e, por isso, começam a se preparar para as festas. A família toda se reúne na casa de Joaquim: seus pais, seus sogros, alguns irmãos e irmãs, sobrinhos e amigos. Cecília está a mil por hora, correndo de um lado para o outro, dando ordens aos copeiros e às cozinheiras, verificando se tudo se encontra como planejara. A casa está linda, toda arrumada, flores não faltam, velas aromáticas e música. Agora é só esperar os convidados chegarem!

Enquanto isso, Laura está em seu quarto, relembrando Antonio Carlos. "Por onde andará? Será que voltou com a esposa?" – pergunta-se. Então, resolve ligar para saber notícias. Apanha o telefone e disca várias vezes até que ele atende, e ela já vai dizendo:

– Como vai, meu amor? Quanta saudade...

Ele, por sua vez, ao reconhecer a voz, responde rispidamente:

– Estou indo muito bem, e gostaria que você não me ligasse! Estou acompanhado e não quero essa insistência de ligações! Fui claro?! – e desliga.

Laura fica paralisada com a rispidez das palavras dele.

"Será que aquele maldito já arrumou outra?! Isso vou pagar para ver, ah, se vou! Só não vou tirar isso a limpo hoje devido a essa festa que mamãe está preparando, mas, amanhã mesmo, vou sair à luta! Aguarde-me, meu amor, aguarde-me!"

Terminados os festejos de fim de ano... Todos estão ansiosos por um ano novo de muita paz e amor...

No segundo dia do ano, tudo volta ao normal. A rotina da empresa começa, com todos os funcionários voltando aos seus postos.

Dr. Luiz está correndo contra o tempo, pois quer resolver o problema dos roubos o mais rápido possível. Logo tem notícias de seus investigadores, que dizem já ter um suspeito muito sério, e que precisariam de um pouco mais de tempo para levantarem as provas necessárias. Só não disseram o nome do suspeito. O advogado está apreensivo, desconfia que é alguém da família e suas suspeitas recaem sobre Humberto, afinal ele é o mais jovem e o mais sem juízo. Não gosta do que faz, e isso é notório para quem quiser ver, mas, mesmo impaciente, nada diz a Joaquim, preferindo esperar pelas provas.

Enquanto isso, Dalton está com sua sensibilidade aguçada e a todo o momento tem a impressão de que estão falando, ao seu coração, para ele se preparar. Fica preocupado e começa a orar, pedindo ajuda ao Senhor e aos Irmãos de Luz: "O que será isso, meu Deus? Tenho a sensação de que vai acontecer algo terrível. Será que meus irmãos estão aprontando novamente, ou será que vai acontecer algo com papai"? Ó Deus, não permita isso, pois não sei o que será de nós se ele vier a faltar" – e continua a pedir ajuda sem cessar. À noite, vai ao encontro de Nelson na casa espírita.

– Senhor Nelson, estou cada vez mais com aquela sensação horrível, a qual lhe falei outro dia. Parece que agora está na minha alma a certeza de que vai acontecer algo com o qual sofrerei muito, mas nem imagino o que seja.

Nelson também sabe disso, mas não pode deixar o rapaz em pânico e lhe diz:

– Tenha fé, meu jovem, acredite em Deus, que Ele tudo sabe. E creia que não irá lhe acontecer nada que Ele não permita. Se acontecer alguma coisa com você, é porque está nos desígnios do Senhor, então, terá de passar por isso. E lhe peço que não sofra por antecedência. Você é forte, tem muita proteção e fará tudo certo na hora certa. Não fique pensando bobagens e aguarde, pois tudo tem sua hora. Se tiver que passar por alguma prova dolorida, isso só fará você crescer, não se desespere. Deus não dá fardos além daquilo que podemos carregar.

Dalton ouve calado e depois desabafa:

– Sabe, senhor Nelson, sinto que vou sofrer muito ainda, e que essa calmaria que está na minha família é apenas um sinal de tempestade se formando no horizonte. E isso é real, pode acreditar! Eu só temo por meu pai. Ele é uma pessoa que se diz forte, mas no fundo é muito sensível, e não vai suportar grandes choques. Se acontecer algo a ele, não vou me perdoar! Mas não posso impedir, não é mesmo?

Nelson apenas concorda:

– Claro, meu filho! Você é uma pessoa perfeitamente normal e sincera, e não pode impedir o destino, porém pode aceitá-lo de uma forma que não se sinta culpado pela maldade dos outros. Cada um tem as rédeas do próprio destino, o livre-arbítrio também, e responderá pelos seus atos, pois toda ação gera uma reação. Então, fique calmo e aguarde. Deus não irá desampará-lo, Dalton! Pode crer nisso!

E os dois ficam conversando sobre isto até tarde. Na volta para casa, Dalton passa pela praça da cidade e identifica Berto com uma turma de jovens. Chega mais perto e vê que todos bebem e riem às gargalhadas. Quando o irmão percebe a sua presença, finge não tê-lo visto, vira-se para o outro lado e continua a rir.

Dalton fica preocupado com o irmão, mas não faz nada, vai para casa e conta para a mãe o acontecido.

Cecília, contrariada, diz:

– Deixe seu irmão em paz, Dalton. Ele agora não está mais chegando tarde em casa, nunca mais o vi embriagado, não briga mais com você. Não me diga que agora é você quem vai começar a implicância, vai?

Dalton se chateia com a declaração da mãe.

– Credo, mamãe, até parece que a senhora não me conhece. Só estou preocupado com ele, pois aqueles amigos que o acompanhavam têm fama de drogados e bagunceiros, e isso não é bom. A senhora sabe que a ocasião faz o ladrão. Se estiver no meio de quem faz uso de drogas, não demora muito para fazer uso também. E é só essa a minha preocupação, mas, se a senhora acredita sinceramente que Berto é incorruptível, quem sou eu para contestar, não é mesmo?

Cecília agora fica brava com Dalton.

– Eu acredito, sim, em Berto e, por favor, pare de se preocupar com seus irmãos. Eles já estão adultos e sabem o que fazem. Está bem assim?

Dalton, mais uma vez, fica chocado, mas nada diz; balança a cabeça em sinal afirmativo e vai para o seu quarto.

Cecília, por sua vez, fica pensando:

"Esse meu filho mais parece o pai, sempre querendo educar os irmãos. Precisa, sim, é arrumar uma namorada, casar-se e ter seus filhos para educar. Quem sabe assim larga do pé dos irmãos." E acaba rindo da situação.

Enquanto isso, Laura ainda não voltou para casa. Está procurando por Antonio Carlos, pois já faz tempo que não o vê. Roda pela cidade e nada de encontrá-lo, então, resolve ir à casa de sua amiga Martha para saber se ela tem notícias dele. Quando chega, é logo recebida pela amiga, que exclama:

— Nossa, que surpresa, Laura! Que bons ventos a trazem aqui?

Laura sorri e abraça a amiga.

— Preciso conversar com você, Martha, pois estou entrando em desespero. Pode me ouvir um pouco?

Martha sorri, concordando:

— Mas é claro, Laura. Vamos entrar. Minha mãe saiu para ir à igreja, não tem ninguém aqui. Podemos falar à vontade. Vamos, entre, por favor.

Laura a acompanha e senta-se em uma poltrona. Está agitada.

— E então, Laura? O que tanto a aflige? Tomou outro fora?

Laura fica vermelha e lhe pergunta:

— Está tão na cara assim? E o pior é que foi isso mesmo. Aquele idiota do Antonio Carlos está me esnobando; até me disse que já está com outra. Você sabe de alguma coisa, Martha, pois, se souber, quero que me conte agora!

Martha sorri e desaponta a amiga com o que diz:

— Não sei de nada, Laura. Até porque, não vi mais nem ele nem sua esposa depois que se separaram. Será que não se mudaram daqui?

– Será...? – pergunta-se Laura. – Era só o que me faltava! Aquele maldito ter me abandonado assim! Eu disse a ele que iria esperá-lo até que tudo tivesse se normalizado.

– Mas, Laura, você pegou pesado com ele. Não é fácil um homem perdoar tal ato insano, como o que você cometeu, afinal, ele era casado, e você sabia disso antes de entrar nessa jogada.

– Mas ele estava apaixonado por mim e fazia tudo o que eu queria. Será que era mentira tudo aquilo?

Martha chega mais perto da amiga e é sincera com ela.

– Você nem parece uma mulher adulta, está parecendo uma adolescente que perdeu seu primeiro namoradinho! Acorde, Laura! O que você está esperando de Antonio Carlos é quase impossível. Tente arrumar outro cara para namorar e esquecer o passado. Deixe-o seguir sua vida, talvez esteja com a família e não vai mais voltar.

Mas Laura se enfurece.

– Se ele pensa que acabou, está enganado. Vou achá-lo nem que seja no inferno. Daí, irei lhe mostrar quem manda e quem obedece! Isso não vai ficar assim! Pode acreditar, minha amiga!

Martha se assusta com aquele verdadeiro ataque de ódio.

– Meu Deus, Laura, você é tão bonita, jovem, rica, por que ficar ligada a um homem como Antonio Carlos, bem mais velho que você e ainda por cima casado e pobre?! O que espera conseguir com isso? Vingança?! Esqueça, Laura, para o seu próprio bem.

A moça se levanta, dizendo:

– Obrigada por me ouvir, mas não se preocupe, estou bem. É só um sentimento de perda. Fique tranquila – e sai, deixando Martha preocupada e pensativa.

"O que essa doida vai aprontar agora? Tomara que não o encontre mais. Quem sabe ela esquece isso... se bem que é problema dela, e eu só tenho pena."

Laura vai embora frustrada, pois não conseguira descobrir absolutamente nada sobre Antonio Carlos, mas não pensa em desistir.

"Vou descobrir a qualquer custo onde ele está e com quem."

13

No dia seguinte, procura saber, no local de trabalho de Antonio Carlos, se ele está, e logo lhe dizem que ele não trabalha mais naquela empresa. Fica chocada e tenta saber para onde ele foi, mas em vão. Então, entra em desespero e chora: "Como ele pôde fazer isso comigo? Como?!". Mas não vai desistir. Liga para a Faculdade e é informada de que ele trancara a matrícula. "E agora, como irei encontrá-lo?". E chora, chora muito.

Mais alguns momentos, e o Dr. Luiz manda chamá-la. Ela se levanta, enxuga o rosto, recompõe-se e vai saber o que ele deseja. Quando entra em sua sala, o advogado percebe que ela andou chorando e lhe pergunta:

– Aconteceu alguma coisa, Laura? Posso ajudá-la?

Ela diz que não é nada sério, só um desalento, mas que logo estará bem.

＊＊＊

– O que o senhor deseja, doutor?

– Já temos informações confidenciais sobre os roubos da empresa. Por esse motivo, vou preparar uma reunião com os dirigentes e os acionistas e quero que envie um comunicado a todos, marcando para amanhã, logo nas primeiras horas do dia, está bem? E se prepare: vai ficar chocada!

Laura até esqueceu a raiva que sentia, seu rosto se iluminou de repente e perguntou:

– O senhor não pode me adiantar alguma coisa? Estou curiosa.

– Claro que não, Laura. Como já lhe disse, é estritamente confidencial. Faça o que lhe peço, por favor. Está bem?

– Sim, senhor – concorda ela, toda eufórica, dizendo que irá comunicar a todos os interessados, e sai.

O advogado, por sua vez, fica desconfiado da atitude da jovem.

"Não sei, não, mas aí tem alguma coisa estranha. Nunca vi alguém ficar feliz em ver a desgraça dos outros. Quero ver sua reação quando souber a verdade! Vou ficar de olho nessa garota. Ela pensa que me engana. Tenho de ficar com os olhos bem abertos com ela!"

※※※

Todos foram avisados da reunião no dia seguinte, e acontece um verdadeiro falatório entre os funcionários. Tanto que até já está correndo apostas para saber quem foi. Todos têm um suspeito, desde os diretores até o faxineiro mais humilde da empresa. Somente o Sr. Joaquim e Dalton estão fora das apostas, pois todos os consideram homens honestos e de bom caráter. Ambos têm bom coração e são generosos com os funcionários. Já Laura e Humberto são os principais suspeitos de quase toda a fábrica.

Laura está radiante e não se cabe de alegria. Manda chamar o irmão Humberto. Este logo vai ao seu encontro e diz:

– Já estou sabendo, maninha, o comentário é geral. Só falam nessa reunião de amanhã. Você está muito confiante, Laura, mas também sabe que Dalton não vai receber essa bomba de braços cruzados. Ele pode ser um idiota, mas é bastante querido aqui, e vai lutar com unhas e dentes. Isso você pode esperar.

Laura está feliz e não dá ouvidos a Berto, dizendo:

— Até ele descobrir, se descobrir, já estará fora daqui e de nossa casa. Daí, sim, vamos ter paz! Para recobrar a confiança de papai vai demorar muito. Conheço nosso pai. É careta e muito honesto, e não vai perdoar uma traição assim tão fácil, mesmo porque, Dalton não terá como provar que não foi ele quem roubou. Tudo passa pelas mãos dele, o papai lhe tem total confiança. Tudo que produz aqui, tudo que se compra, passa por Dalton. Então, quem mais teria essa oportunidade tão fácil de desviar dinheiro? E as provas são legais, se é disso que está com medo! Já podemos comemorar, meu irmão, este foi um golpe de mestre! Ele vai sentir na pele o que é ser desprezado, ah se vai!

Berto ouve tudo aquilo, mas, no fundo, realmente está com medo.

— E o papai, Laura, como vai ficar? Ele já não é mais tão jovem, e o que me preocupa é se ele não suportar isso. Você não se preocupa com ele?

— Fique tranquilo, papai é forte. Ele aguenta, e nós dois vamos lhe dar muita atenção, não é mesmo? Agora volte ao seu posto e procure saber dos comentários, certo?

Berto sai e Laura começa a pular de alegria.

"É agora, irmãozinho! É agora que você vai ver o que é bom! Prepare-se, prepare-se! Não vejo a hora que amanheça. Nem vou dormir esta noite."

Já Dalton está cada vez mais sensibilizado, sentindo seu corpo amortecer, sente como se seu Espírito quisesse sair do corpo a todo custo. Tenta dormir, mas não consegue, ora por algum tempo e, quando consegue adormecer, seu Espírito logo sai e vai se encontrar com seu mentor espiritual, que o auxilia e harmoniza as suas vibrações, tranquilizando sua agitação e dizendo-lhe:

– *Dalton, você é especial, meu filho, e terá de ser forte, pois esse episódio que irá lhe acontecer é necessário e fará com que cresça ainda mais no auxílio à sua família. Não será fácil, terá de superar grandes obstáculos e decepções, mas valerá a pena, asseguro-lhe. Tenha muita perseverança e fé no Criador e verá que, depois dessa tempestade, virá a bonança.*

Dalton ouve, fica feliz e afirma convicto:

– *Como é maravilhosa a bênção de Deus, e eu agradeço por poder ajudar meus irmãos, mesmo que, para isso, tenha de sofrer as agruras do ciúme e da inveja, que se instalaram nos corações dessas criaturas desviadas das leis de Deus! Mas sei que darei conta de ajudá-los a vencer essa batalha. E eu lhe agradeço, de todo o meu coração, por este auxílio que me presta, irmão Odair. Ser-lhe-ei sempre grato, e, juntos, iremos vencer. E que Jesus nos auxilie e Deus nos ampare nesta jornada.*

— *Vá em paz... Vá em paz, meu filho, e seja forte, não deixe o desânimo o abater. O que lhe espera é de grande dor, mas também de grande valia no seu propósito. Que Deus o abençoe!*

Dalton se afasta devagar, como se estivesse andando em um grande tapete de grama macia, e sente grande alívio em seu coração. Aos poucos, sente-se atraído de volta ao leito, acorda levemente, mas, logo em seguida, adormece, até o amanhecer.

Todos já estão à mesa para o desjejum. Dalton é o último a chegar e é logo interpelado pela mãe:

— O que aconteceu, filho? Perdeu hora? Você é sempre o primeiro a chegar.

Mal sabia Cecília que este seria, por muito tempo, o último café da manhã que fariam juntos.

Dalton apenas sorri gentilmente.

— Bom dia a todos. Perdi mesmo a hora, mas é que estava sonhando com um lugar tão gostoso, que não quis acordar, e me senti muito bem com esse sonho. Mas o que foi que perdi? Alguma novidade? Papai... Berto... Laura...?

Todos se entreolham, e seu Joaquim rompe o silêncio:

– Estamos preocupados, filho, pois será hoje que saberemos quem foi o autor dos desfalques, que quase nos levaram à falência. E você? Não dá importância a isso?

– Claro que me importo, papai, mas já lhe disse que quem não deve não teme, e o autor, se for pego, responderá à justiça. Quanto à falência, papai, pare com isso. Se preciso fosse, começaria do zero com o senhor, e faríamos tudo de novo! Afinal, o senhor é um guerreiro de muita garra e coragem, nada vai derrubá-lo.

Laura olha para Berto, e os dois baixam a cabeça.

"Mas espere só até o final da reunião – pensa Laura –, e verá que tudo isso é só conversa."

Já Berto está nervoso, preocupado com o que poderia acontecer depois de tudo descoberto... Como ficará a situação de Dalton, e do pai? Isso era uma grande interrogação em sua mente.

***

Finalmente, está tudo pronto, e todos os diretores e acionistas da empresa estão presentes e ansiosos.

A reunião começa com Dr. Luiz fazendo a abertura:

– Senhores, estamos hoje aqui reunidos para resolvermos de vez o problema causado em nossos cofres. Quero, em primeiro lugar, dizer que tudo o que foi investigado tem origem real e está documentado. Espero, de coração, que o senhor Joaquim confie em nosso trabalho investigativo. Infelizmente, tenho de ser portador dessa triste notícia, repito, quero que saibam que tudo foi feito dentro dos trâmites legais e que nada foi alterado ou forjado.

Enquanto falava, procurava os olhos de Laura, pois sua suspeita tinha, na verdade, muita razão e via que o semblante da moça se iluminava a cada palavra que ele proferia, parecendo que de seus olhos saíam faíscas. Dava até para notar que só faltava ela revelar, antes dele, o nome do autor dos furtos. Então, Dr. Luiz dá uma leve pausa e, pesaroso, fala:

– Perdoe-me, senhor Joaquim, e espero que seja forte o bastante para receber a notícia.

O homem se levanta e pede:

– Seja breve, doutor Luiz, e pare, por favor, com esse suspense. Diga logo: foi um de meus filhos, não foi?

– Sim, seu Joaquim... Dalton é o autor de todo o dinheiro desviado, e está tudo guardado em um banco fora do país!

O tumulto é geral, todos falam ao mesmo tempo. Dalton está petrificado, não consegue mexer um músculo, não acredita no que ouviu. Como é que ele, justamente ele, faria uma coisa dessas? E, estupefato, exclama:

– Deve estar brincando, doutor. Não posso acreditar no que estou ouvindo! Por que eu faria isso se sou um dos herdeiros desta empresa?! Por que me submeteria a tal ato? Não preciso de dinheiro para viver, e meu pai sabe disso! Dediquei toda a minha vida no auxílio de meu pai! Exijo uma explicação disso tudo! Quero provas, doutor!

Joaquim está perplexo, com os olhos arregalados, e gagueja um pouco até conseguir se pronunciar:

– Eu acredito em meu filho e exijo provas concretas! Isso é muito grave, gravíssimo, doutor!

O advogado olha para Laura, vê seu sorriso largo, e confirma:

– As provas estão todas aqui, e quero que vocês as vejam e analisem. Está tudo registrado. Eu sinto muito, senhor Joaquim, mas teremos que abrir inquérito policial contra Dalton.

Todos falam ao mesmo tempo, quando Laura entra em ação:

– Senhores, por favor, só um minuto.

Todos, então, calam-se, e ela diz:

– Não importa que Dalton seja seu filho, papai! Errou e vai ter de responder por seus atos, e o senhor tem de dar o exemplo maior aqui. Se fosse eu ou o Humberto, gostaria que fôssemos tratados com a maior rigidez, você não concorda, Humberto?

Humberto está estarrecido e, olhando para a irmã, confirma, através de um sinal positivo com a cabeça.

Joaquim não se conforma com a situação e, dirigindo-se a Dalton, diz:

– Filho, diga que isso não é verdade! Eu sempre confiei em você, coloquei em suas mãos todo o domínio da empresa, e agora me faz o favor de roubar?! Eu não acredito, filho! Diga-me, pelo amor de Deus!

Dalton aproxima-se do pai e lhe pergunta:

– O senhor acredita em mim, ou não? Acha mesmo que eu teria coragem de traí-lo assim? Diga, meu pai? Quero que diga isso aqui, perante todos! O senhor acredita mesmo que fui o responsável por isso?

Joaquim está tremulo.

– Eu acredito em você, filho, mas, se as provas

disserem o contrário, será isso que prevalecerá! Mas sei que irá provar sua inocência, eu sei que vai!

Dalton olha para a irmã, que não esconde sua felicidade, e a acusa:

— Foi você, não foi, Laura? Eu sabia que essa calmaria era muito boa para ser verdade! Mas lhe digo uma coisa, Laura: não pense que vou morrer por isso! Irei até o fim do mundo, mas vou descobrir o que fizeram!

— Chega! — diz seu Joaquim. — Você não pode acusá-la assim. Ela tem seus defeitos, mas fazer isso? Não creio, meu filho! Se quiser provar sua inocência, tem todo o direito, mas acusar sem provas, já é demais! Fique tranquilo, que para tudo haverá um meio!

Dalton se revolta:

— Se o senhor não acredita no que falo, não acredita em mais nada. Eu não sei de dinheiro nenhum, não sei nem mesmo do que se trata. Mas vou investigar direitinho como esse dinheiro saiu daqui e foi parar fora do país, pois tudo deixa rastros, e eu vou provar isso a todos. E se quiserem acreditar, tudo bem, se não quiserem, tudo bem também! Eu estou com a minha consciência limpa, e o senhor, doutor Luiz, faça como deve ser feito! Estarei pronto para qualquer coisa, e tem mais, estou me demitindo, pois minha presença aqui, no momento, será de especulação e falatório. Pode providenciar a papelada, doutor – e sai da sala.

Joaquim o chama inutilmente, e Laura não perde a oportunidade. Abraça o pai, dizendo-lhe:

– Tenha calma, papai. O senhor não pode se emocionar assim. Deixe-o ir. Logo tudo se esclarecerá. Estamos aqui com o senhor, para o que der ou vier.

Joaquim desata a chorar, pois não esperava por essa situação. E agora, como revertê-la? Tudo estava contra Dalton, e seria impossível consertar alguma coisa! Nesse momento, todos vão saindo, e só Dr. Luiz fica e lhe diz:

– O senhor pode ficar sossegado. Dalton não é bobo, é muito inteligente e, se não é mesmo culpado, vai provar, pode acreditar. A verdade sempre aparece! – e olha para Laura, que tenta se abraçar ao pai.

Seu Joaquim pede para ficar sozinho, no que é prontamente atendido.

Em casa, Cecília está tranquila a fazer suas tarefas quando ouve o ruído de um carro chegando. É Dalton, que entra feito um furacão, dizendo:

– A senhora pode me ajudar a fazer minhas malas?

– O que aconteceu, meu filho? Para que isso? Aonde vai? Por quê?

– Venha comigo. Irei lhe contar enquanto arrumo minhas coisas. Não pretendo permanecer nem mais um minuto nesta casa, vivendo com cobras peçonhentas.

Cecília vai atrás do filho sem entender nada, e, enquanto arruma suas malas, ele vai lhe contando sobre o ocorrido.

A mulher fica estarrecida com o que ouve.

– Mas, Dalton, você tem de acreditar um pouco mais em sua família. Nem tudo pode ser verdade. Fique aqui, filho, onde terá todo o nosso carinho. E seu pai, que gosta tanto de você?

– Meu pai? Ele foi o primeiro a desacreditar da minha palavra. Ele quer provas, como se eu fosse um ladrão! Como a senhora quer que eu fique aqui? Para que todos me olhem com ar de desconfiança? Não irei ficar aqui nem mais um minuto. Irei procurar um hotel ou alugar um apartamento, isso se não confiscarem até meu dinheiro do banco, dinheiro que ganhei trabalhando feito camelo no deserto! E foi isso que ganhei em troca! Desconfiança! E a senhora bem sabe quem está por detrás disso! Mas não vai adiantar nada, não é mesmo? Não se preocupe, minha mãe, sei me cuidar, e vou fazer de tudo para pôr na cadeia quem fez isso comigo, seja lá quem for, e doa a quem doer!

E, terminando de arrumar suas malas, coloca tudo dentro do carro, e diz:

– Não fique preocupada. Logo lhe darei notícias, e diga ao papai que, por hora, não me procure, que deixe as coisas se acalmarem. Também diga que vou entrar em contato com o doutor Luiz, para saber dos trâmites da acusação, e que não vou fugir das responsabilidades – e despede-se da mãe, que fica chorando.

Dalton vai embora com o coração dolorido, mas com a certeza de que tudo se esclarecerá. Procura por um pequeno hotel, longe do centro da cidade, para poder pensar com calma sobre tudo.

14

DEPOIS DE SE INSTALAR, VAI ATÉ O CENTRO ESPÍRITA e encontra Nelson, que, ao vê-lo, logo imagina que coisa boa não lhe aconteceu.

– Bom dia, Dalton. O que o traz aqui a esta hora?

– Bom dia, seu Nelson. O senhor já pode deduzir, não é mesmo? Nossa suspeita tinha fundamento. Tudo de ruim aconteceu.

Conta em detalhes ao homem, que, após ouvi-lo com muita atenção, pronuncia-se:

– Pode acreditar, meu filho, nada é por acaso, e você sabe que tudo isso vem lhe fortalecer. Não perca a calma nem a fé em Deus. Você é uma pessoa de bom caráter e vai ser fácil provar. Sabe que tem muita luz e ajuda espiritual. Pode contar comigo também! Não deixe a dúvida se instalar em seu coração. Esteja sempre confiante de que tudo se resolverá e acredite: Deus não desampara ninguém!

E os dois conversaram bastante, o que deixou Dalton mais calmo.

Já na empresa, o tumulto é geral. Os falatórios entre os funcionários geram polêmica: uns dizem que foi armação, enquanto outros, que pode ser verdade. Por que não, se existem tantos casos idênticos por aí?

Na sala do Dr. Luiz, estão todos os acionistas e querem um parecer por parte da empresa. Estão nervosos e falam em vender as ações, não desejando ficar à mercê de especulações. O advogado, então, tenta acalmá-los.

– Tenham calma, senhores. Logo estaremos nos organizando novamente, pois conheço Dalton e, certamente, irá localizar todo esse dinheiro mais rápido do que pensam. Apesar de as provas o incriminarem, eu particularmente acredito nele. Por isso, peço-lhes que não tomem nenhuma atitude impensada e precipitada. Tudo será esclarecido, podem ter certeza disso.

A seguir, entram num acordo. Concederão o prazo de três meses para que tudo seja resolvido ou irão tomar medidas drásticas.

Todos saem, e Dr. Luiz fica apreensivo. Três meses é um prazo curto, mas vai correr contra o tempo e ajudar Dalton, e, assim, resolve ir procurá-lo naquele mesmo dia. Telefona para a casa do rapaz e a mãe de Dalton o informa de que ele fora embora e que ainda não sabem seu paradeiro, mas que tentará entrar em contato com ele. O Dr. Luiz fica pensativo – "E agora, meu Deus, o que será desse rapaz? Ele que foi sempre o mais sério e ajuizado da família" – e resolve esperar pelo contato dele.

Laura está em sua sala, radiante de alegria, pois tudo saíra conforme planejara. Agora era só esperar pelo pedido de prisão do irmão e, mesmo sabendo que ele é réu primário, só o constrangimento e a humilhação que irá passar já seriam o bastante para ela – "Agora, irmãozinho, você sabe com quem está lidando. Sempre me achou uma desocupada e inútil. Verá como estava enganado!". E continua rindo sozinha. Mal sabe ela quantos Espíritos inferiores se encontram ao seu lado, rindo também, e dizendo: "Essa é mais uma na nossa turma!". A escuridão se faz presente, e todos dançam ao seu redor, fazendo com que seu ódio aumente cada vez mais, e é assim que acontece quando nos acometemos desse sentimento inútil em nosso coração e nos deixamos levar por irmãos das trevas, permitindo que nos conduzam, sem nos preocuparmos com as consequências. Se soubéssemos como é fácil sermos dominados, e como será difícil nos libertarmos, jamais deixaríamos isso acontecer. Permitir o auxílio de Deus e de Jesus a nos guiar é o melhor caminho, mas poucos acreditam nesse milagre, somente crendo naquilo que desejam, e nada mais! Mas todos possuem o livre-arbítrio, e conduzir a própria vida para o bem ou para o mal é uma decisão de cada um, somente restando o resultado colhido, e que teremos de enfrentar, mais cedo ou mais tarde. E ninguém ficará impune diante das leis de Deus.

Joaquim chega em casa, e Cecília logo vai recebê-lo. Abatido, abraça a esposa e lhe diz:

– Você já deve estar sabendo, não é mesmo? Onde está Dalton? Preciso lhe falar. Ele veio para casa?

Cecília, apesar de nem saber como dizer que o filho fora embora, pede calma ao marido, e, resolvendo falar sem rodeios, lhe diz:

– Dalton veio, sim. Pegou suas coisas e foi embora, dizendo que, se você não acredita nele, não tem por que ficar aqui.

Joaquim se desespera:

– Eu não posso acreditar nisso, Cecília. Para onde ele foi? Por quê? Aqui é a casa dele também. Isso que aconteceu foi uma fatalidade, mas ele irá provar sua inocência – e começa a chorar, deixando a esposa preocupada, pois nunca vira o marido naquele estado.

– Joaquim, acalme-se, por favor. Dalton sabe se cuidar e disse que, assim que se instalar em algum lugar, nos dará notícias, mas pediu que, no momento, ninguém fosse atrás dele! Ele sabe o que faz, pode acreditar! E se não foi ele o autor disso tudo, logo a verdade aparecerá!

Joaquim, enfim, acalma-se:

– Sabe, mulher, talvez eu seja o culpado de tudo isso, por ter delegado a Dalton toda a responsabilidade da empresa, deixando tudo em suas mãos. Ele era o meu braço direito, tudo passava por ele, será que isso não o deixou ganancioso?

Cecília se espanta e diz:

– Eu não acredito que você esteja pensando que Dalton seria capaz dessa atitude insana. Ele nunca se preocupou com dinheiro, nem saía de casa. Sempre tão ajuizado e centrado, jamais teria coragem de fazer alguma traição com você, e eu acredito nele, de coração! E me admira ver você pensando assim.

Joaquim está tão abalado, que, naquele momento, nem havia raciocinado no que falara, e tenta corrigir:

– Eu sei. Também acredito nele, mas está tudo provado e documentado! Como posso acreditar firmemente que ele não tem culpa? Ele jura que armaram uma cilada contra ele, e até acusou Laura! Mas como provar? O dinheiro não saiu sozinho da empresa. Alguém fez isso. E era ele quem cuidava de toda a entrada e saída de produtos da fábrica, ele tinha acesso ao dinheiro.

– Você confia demais nas pessoas, Joaquim. Há muitos que se dizem honestos, e, por detrás, são bandidos! Pode ser mesmo que alguém tenha feito isto para incriminá-lo, talvez querendo um cargo melhor, ou mesmo só por maldade. Agora, nosso filho está humilhado e magoado perante todos! Ele não merece isso! Você o conhece muito bem, Joaquim!

O homem fica triste e concorda:

– Eu sei disso tudo, e estou bastante abalado também, mas agora só nos resta esperar pelas consequências.

Dalton fica isolado por uns dias, até que resolve ir procurar pelo advogado da empresa, o Dr. Luiz, que se dispõe prontamente a atendê-lo, mas como Dalton não quer ir à empresa para falar com ele, marcam na casa do advogado.

Às dezoito horas, o advogado se apressa em ir

embora da empresa, pois está ansioso para falar com Dalton.

Às dezenove horas, Dalton chega e é logo recebido pelo advogado, que o faz entrar e leva-o diretamente ao seu escritório particular.

– Que bom que veio me procurar, Dalton. Estava preocupado com você, pois foi lavrado um Boletim de Ocorrência sobre o ocorrido. Isso vai gerar processo judicial, e terá de arrumar um bom advogado para representá-lo.

– Sei disso, doutor, e o senhor teria alguém para me recomendar? Afinal, não pode me representar, não é mesmo?

– Realmente, não posso, pois represento a empresa, porém já tomei a liberdade de providenciar alguém para auxiliá-lo, e espero que não se oponha! Inclusive ela já está aqui, aguardando no carro. Posso trazê-la?

– Claro – responde Dalton –, confio no senhor.

Dr. Luiz sai da sala e logo volta com uma bela mulher.

– Esta é Miriam, minha sobrinha. Ela é uma excelente advogada, e já está a par de todo o processo do seu caso!

Dalton se levanta e fica boquiaberto com a

beleza da moça, jovem ainda, com seus vinte e cinco anos, morena, alta, de belos olhos verdes e de um largo sorriso brilhante. E, antes mesmo de cumprimentá-la, diz para o advogado:

— Que surpresa, doutor Luiz! Esperava encontrar alguém mais velho e jamais pensei em ser auxiliado por tão bela doutora. — E a cumprimenta: — Muito prazer. Espero que tenhamos sorte nesta jornada.

— O prazer é todo meu, Dalton. Já li e reli todo o processo e sei que você jamais seria tão juvenil a ponto de fazer isso tão claramente assim, e estou convencida de que armaram para você, e eu vou descobrir. Também já tomei algumas providências necessárias, contatando uns amigos meus que são peritos em crimes dessa natureza! Eles fazem muito isso, e são ótimos investigadores.

— Que ótimo! diz Dalton, entusiasmado. — Graças a Deus ainda há pessoas como você e o doutor Luiz, que acreditam em mim. Sabe que até meu pai duvidou da minha índole?! Mas isso não importa agora. O que quero mesmo é provar a minha inocência. O que devo fazer em primeiro lugar?

Miriam senta-se, abre seus papéis e explica:

— Em primeiro lugar, teremos de devolver aos cofres da empresa o dinheiro, não vai ser fácil, mas vamos começar por aí! Assim, os acionistas não vão começar a fazer chamada de ações, deixando a empresa pior do que está. Vou providenciar seu passaporte para que possamos ir até onde está o dinheiro. Depois, veremos, certo?

Dalton, maravilhado com a desenvoltura daquela bela jovem, e tão disposta a ajudá-lo, agradece:

– Muito obrigado, doutor Luiz, não sei o que seria se, pelo menos o senhor, não acreditasse em mim! Fico muito agradecido a você também, doutora Miriam. Desejo resolver tudo isso, pois não quero dever nada a ninguém neste mundo! Quero partir daqui, um dia, com a certeza de que cumpri todas as tarefas a mim designadas.

– Pelas palavras que utiliza, parece-me que é um seguidor da Doutrina Espírita, ou estou enganada?

– Não está não, sou mesmo espírita e amo muito essa Doutrina.

– Que ótimo – diz ela –, pois sou também uma trabalhadora dessa seara. Que Centro Espírita você frequenta?

E os dois iniciam ali uma conversa que promete uma grande amizade! Dr. Luiz só os observa e pensa: "Isso ainda vai dar namoro, ah, se vai! E vou fazer o maior gosto nisso". E, sorrindo, sai devagarzinho, deixando os dois se conhecerem melhor.

15

PASSA A SEMANA, E OS TRÂMITES DO PROCESSO começam a ser desenvolvidos. Dalton é chamado a depor, e sempre acompanhado de Miriam. Tudo está correndo como planejaram e já está marcada a viagem para o exterior, em busca de resultados positivos, com o retorno do dinheiro aos cofres da empresa!

Enquanto isso, Laura se encontra muito ansiosa, querendo saber a todo instante se já prenderam Dalton. Fica a interrogar o Dr. Luiz, mas ele, que já está bastante desconfiado dela, mantém-na a certa distância dos fatos, para que não venha a pôr tudo a perder. E isso a deixa irritada toda vez que quer saber notícias.

Joaquim, por sua vez, está cada vez mais abatido. Sente muito a falta de Dalton, já que, como dizia, ele era seus dois braços. Agora, sozinho, não consegue resolver todos os problemas, que se acumulam. Tenta fazer com que Humberto o auxilie, mas em vão, pois este, cada vez mais lento, não consegue acompanhar o ritmo do pai e só reclama, deixando-o preocupado.

Quando chega em casa, Joaquim vai conversar com a esposa e comenta:

– Não sei o que acontece com Berto. Lerdo, que mais me parece com uma tartaruga. Está sempre resmungando, não quer fazer nada que o faça pensar. Está me deixando preocupado. O que será que se passa na cabeça dele? Agora que Dalton não está, ele teria de me ajudar, e muito, mas não quer saber de nada.

Cecília ouve calada e acaba pedindo ao marido:

– Tenha paciência com ele. Ele não é igual a Dalton, as pessoas não são iguais, cada um tem seu ritmo, uns mais espertos, outros menos, e é assim com Berto. Mas logo Dalton voltará, e tudo será normalizado.

– Não sei se Dalton volta. Ele ficou muito constrangido com a situação. Sei que não é orgulhoso, mas tem sentimento, e não vai dar a cara para bater assim tão fácil, não! O processo dele está nas mãos da justiça agora, e isso vai demorar um pouco. O doutor Luiz me disse que ele está bem amparado legalmente, mas que o processo vai demorar muito, tendo em vista que a justiça é muito lenta neste país.

A mulher fica triste e se lamenta:

— Estou com saudades dele. É um filho amoroso, o único que vinha toda noite conversar comigo. Que Deus o proteja e o ajude a resolver todo esse torturante problema que se instalou em sua vida.

Joaquim a abraça, penalizado.

— Também espero, Cecília, também espero.

Após duas semanas do acontecido, Laura está impaciente com a demora pelos resultados e vai à procura do Dr. Luiz para saber das novidades.

— Então, doutor Luiz, como anda o processo do meu irmão?

O advogado a olha desconfiado.

— Está tudo correndo da forma que manda a justiça, ou seja, todo processo está caminhando, mas por que essa ansiedade, Laura? Será que... bem... eu bem sei que você não se dá muito bem com ele, não é mesmo?

Laura se surpreende com a pergunta do advogado, faz cara de anjo e lhe responde:

– Quem lhe disse isso, doutor? Dalton é meu irmão, e eu só estou preocupada com ele. Isso é normal, o senhor não acha?

– Que bom que você esteja se preocupando com seu irmão, mas acho que deveria se preocupar mais com seu outro irmão e com seu pai também. Estou sabendo das dificuldades que seu pai vem passando pela falta que Dalton está fazendo na empresa. Ele era o dirigente geral desta fábrica, tudo era ele quem resolvia, até quando ocorria alguma briga entre funcionários, ele se fazia presente para amenizar os ânimos. Seu pai confiava muito nele, que sempre fez por merecer tal confiança. E esse fato abalou muito as estruturas, tanto de seu pai como da empresa. Até porque, Humberto não está correspondendo às expectativas de que ajudaria seu pai.

Laura ouve tudo e, não se contendo, exclama:

– Parece-me que o senhor não acreditou nas provas que foram apresentadas contra ele. Pelo que li e presenciei, não há como duvidar de que ele foi mesmo o culpado desse desfalque. E há uma regra aqui, não é mesmo? Quem erra tem de responder pelos atos cometidos.

Dr. Luiz pensa um pouco e, com toda a habilidade de um advogado, concorda, dizendo:

– Você tem razão, Laura, em dizer que quem erra tem de responder, mas lhe digo uma coisa: todo cidadão tem o direito à defesa, seja por qualquer ato cometido, e Dalton sempre foi uma pessoa de índole impecável, sem nenhuma mácula em seu histórico de vida. E, se você acha que acredito nele, está corretíssima, e vou fazer de tudo para ajudá-lo a provar sua inocência, e, quando a verdade aparecer, aí sim, vou me fazer presente para punir, seja lá quem for. Por hora, nada posso lhe adiantar, mas fique tranquila que a deixarei sempre a par dos acontecimentos, e, agora, deixe-me trabalhar, está bem?

A moça fica paralisada por uns instantes, depois sai da sala e vai direto à procura do irmão Berto e, quando o encontra, puxa-o para um canto, dizendo:

– Assim que puder, precisamos conversar, mano! E é urgente!

E sai pisando forte rumo a sua sala.

Logo, Humberto a procura para saber o que está acontecendo.

– O que foi agora, Laura? Por que esse histerismo todo?

Laura está agitada.

– Você não vai acreditar no que ouvi, há pouco,

do doutor Luiz. Ele me disse que acredita em Dalton e o está ajudando a provar sua inocência, e tem mais: reclamou da sua conduta aqui na empresa. O que está acontecendo com você, Berto? Não era esse o nosso plano? Colocá-lo no lugar de Dalton?

– O plano foi seu, mana. Eu apenas participei, por isso não venha me culpar se algo der errado! Você sabia das consequências e quis ir em frente! Agora, teremos de arcar com os prejuízos, mana, e, se o doutor ajudar Dalton, logo vão descobrir e aí... como vamos ficar? Se for tão inteligente assim, pense em algo, e rápido, senão nós dois vamos acabar na rua, isso se não formos para a cadeia. O que fizemos foi crime, e você, como estudante de direito, deveria saber! E, se isso acontecer, o papai vai enfartar; não irá suportar outro escândalo na família! Pense, mana, e pense rápido, certo?

Laura fica vermelha, sua pressão já está alta, e explode com o irmão: – O que é agora, irmãozinho? Está com medo? Quer pular fora, não é mesmo? Agora diz que o plano é meu, mas não se esqueça nunca de que você foi conivente e cúmplice de tudo. Não vai me deixar sozinha nisto, vai?

– Claro que não, mas pense bem no que vai fazer daqui para a frente, para não fazer mais besteira, está bem?

E sai, deixando Laura trincando de raiva.

"Você é um covarde, Berto, e não sei por que confiei em você. Mas vou sair dessa, ilesa, pode crer, irmãozinho."

E começa a pensar também numa forma de impedir o Dr. Luiz de ajudar Dalton, tramando novos planos para colocar em prática. E, enquanto repensa seus planos, não sabe que irá começar uma nova fase em sua vida, pois também nem sonha com as consequências dolorosas que irá passar por se deixar levar pelo ódio e pelo ciúme que traz no coração.

Dalton está pronto para viajar com Miriam para o exterior. Já arrumaram as malas e a conversa entre os dois já se encontra bastante animada.

– Está preparado, Dalton? Vamos agora ficar vários dias juntos e, com certeza, iremos descobrir tudo. Nossos investigadores já estão agindo e disseram que nos encontrarão antes de partirmos. Já adiantaram que têm novidades. O que você acha?

Dalton está feliz. Sabe que Miriam é competente no que faz, e, além disso, está começando uma amizade muito boa com ela, pois ambos têm muitas afinidades.

– Estou confiante de que tudo se resolverá da

melhor forma. Confio em você! E não vejo a hora de poder devolver a meu pai esse dinheiro! E quando isso tudo ficar esclarecido, vamos comemorar juntos, se você quiser, é claro!

Os olhos de Miriam brilham. Em seu íntimo, era tudo o que desejava.

– Mas é claro que quero, Dalton. Resolver isso será uma glória para mim e comemorar já estava em meus planos.

E os dois riem, ao mesmo tempo em que ajeitam os itens finais para a viagem.

Enquanto tudo corre a favor de Dalton, para Laura e Berto as coisas estão complicando. Ela está nervosa com a possibilidade de ser descoberta pela fraude que cometeu, então, resolve ir falar com o pai, que a recebe com carinho, apesar de ser notada a sua tristeza.

– Laura?! O que a traz aqui? Você nunca vem me visitar.

A moça se encontra aparentemente perturbada.

– O que me traz aqui, papai, não é boa notícia. O senhor está sabendo que o doutor Luiz está ajudando Dalton? Que foi ele quem arrumou advogado para o caso? Eu não quero ser dedo-duro, mas isso me deixa desconfiada. Será que ele não estaria envolvido nisso tudo também? Será que não foi ele o cabeça dessa fraude e, agora, precisa ajudar Dalton para não aparecer também como culpado? Eu não sei, não, mas acho que aí tem mais coisa que ainda não sabemos. O que o senhor me diz?

Joaquim é tomado de surpresa, pois jamais passara em sua mente que o doutor Luiz estivesse envolvido, mas, pensando bem, ele também jamais desconfiara de Dalton, e os fatos estavam ali, para quem quisesse ver e saber! De qualquer maneira, diz:

– Por favor, filha, não venha plantar mais desconfiança e discórdia aqui na empresa. O doutor Luiz é e sempre foi um homem de total confiança aqui. E, se está ajudando Dalton, é porque confia nele também.

– Depois o senhor não diga que não foi avisado. Se o senhor confiava em seu filho querido e foi traído, o que me dirá do seu advogado, que nem da família é? – e vai embora, deixando seu Joaquim intrigado com sua conversa.

"Ó meu Deus, tenha misericórdia. Se isso for verdade, estou vivendo no meio de serpentes venenosas. Em quem mais vou confiar?"

Logo que anoitece, vai para casa e comenta com

a esposa sobre a suspeita de Laura, porém Cecília logo sai em defesa da filha:

– Você está vendo como nossa filha está se saindo? Está se preparando bem para administrar o setor jurídico da empresa. E eu acho, na minha humilde opinião, que pode ser verdade mesmo, e que o doutor Luiz está ajudando Dalton para não ser condenado. Está se compadecendo de Dalton para nos deixar de braços cruzados, afinal é nosso filho que está recebendo as maiores críticas, que está sendo humilhado. Sabe que ainda não o vi desde que foi embora? Será, Joaquim? Que Deus me perdoe se estivermos enganados.

Joaquim está confuso e diz que pode ser que estejam enganados, mas que irá investigar tudo isso direitinho.

– Agora, diga-me uma coisa, Cecília: onde está Berto? Eu não o tenho visto mais aqui em casa; está acontecendo alguma coisa que eu não sei?

Cecília estremece.

– Pare de se preocupar assim com ele, Joaquim. Ele está de férias e, com certeza, está com alguma namoradinha por aí. Fique sossegado. Ele está bem!

– Assim espero, Cecília, porque mais escândalos e problemas eu não vou aguentar. Depois do acontecido com Dalton, venho sentindo uma dor no peito que chega a me sufocar. Deve ser tristeza e desgosto o que estou sentindo.

– Meu Deus, vou marcar, urgentemente, uma consulta médica para você. Isso pode se agravar, Joaquim, e com a saúde não se pode brincar!

– Não há necessidade, Cecília. Estou bem, pode ficar tranquila que, se precisar, irei falar com o médico, mas só se precisar, está bem? Você sabe que eu odeio ir ao hospital ou a qualquer lugar que tenha doentes.

Cecília balança a cabeça diante de sua teimosia e lhe diz:

– Você sabe se cuidar, sei disso, mas se precaver é o melhor remédio, não é mesmo?

Ele ri e a abraça.

– Como é? E esse jantar? Vai sair ou não? Estou faminto!

E os dois continuam a conversar sobre outras coisas, pois ela sabe da intolerância do marido em ficar falando por muito tempo sobre o mesmo assunto.

16

Berto, por sua vez, está cada vez mais perdido em suas aventuras noturnas, encontrando-se com os camaradas sempre em lugares alternativos para não levantar suspeitas, envolvido que se encontra com a bebida e as drogas. A Faculdade já abandonara de vez, e o dinheiro que recebe da mãe para pagá-la é gasto nas rodadas com os amigos. Cada encontro, para ele, é um prazer diferente, que o toma por inteiro, deixando-o à mercê de toda a perversidade dos irmãos das trevas. Ele também não tem consciência do que ainda o espera! E quando volta para casa, é guiado pela intuição apenas, vagamente se lembra do que acontecera na sua passagem pelas veredas do vício e dos erros.

Dorme mal, alimenta-se mal, não consegue exercer suas atividades normais na empresa, está lento e com o raciocínio embaraçado. Às vezes, nem sabe direito o que está fazendo, sendo sempre chamado à atenção por seu pai. Mas está determinado a seguir em frente, sem se importar com as consequências que isso lhe trará.

Amanhece o dia e na mesa do café está a família reunida. Berto está pálido, a impressão que se tem é de que não dormira quase nada, quando seu Joaquim o interpela:

– O que há com você, Berto? Está parecendo que passou a noite na farra. Está com algum problema, meu filho?

– Não é nada disso. Eu só fiquei até mais tarde, na rua e, depois, demorei a dormir. Pode ficar tranquilo que não tenho nada.

E olha para Laura, que o fuzila com o olhar.

O pai não está muito convencido, mas concorda:

– Espero que sim, mesmo! Que você esteja me falando a verdade, porque, se estiver me enganando, não sei o que farei com você! E agora vamos, que estou atrasado.

Levanta-se e sai, e Berto o segue sem dizer nada. Ainda na mesa, Laura pergunta à mãe:

– O que aconteceu? Por que papai o tratou assim?

– Seu irmão tem chegado muito tarde todas

as noites, e seu quarto exala álcool. Não quero nem pensar no que Dalton já dizia, mas começo a ficar preocupada com Berto. Não sei aonde anda, nem com quem... E se for verdade que está bebendo e talvez até se drogando?! Essa juventude não tem um mínimo de juízo! Estou com medo, Laura!

Laura não dá ouvidos à mãe e reclama:

– Mesmo fora de casa, Dalton ainda interfere na nossa vida! Se a senhora acredita em Dalton, e desacredita de Berto, não posso fazer nada!

Levanta-se e vai embora, deixando Cecília angustiada. Depois que todos saem, escuta chegar um carro, corre para ver se alguém esquecera alguma coisa e, quando abre a porta, tem uma bela surpresa: Dalton está à sua frente.

Ela corre para o abraço com o filho e, chorando, fala-lhe, entre soluços:

– Graças a Deus, você está aqui, filho! Como desejei sua presença. Mas entre, filho, venha tomar café, ainda está na mesa.

Ele abraça e beija a mãe com carinho, mas não aceita o convite, explicando:

– Não, mamãe, obrigado. Eu só vim me despedir da senhora, pois vou viajar, ainda hoje, para o exterior. Vou ficar lá por vários dias até resolver a remessa do dinheiro para a empresa e tentar descobrir quem enviou e de que forma foi aberta essa conta em meu nome. Vou provar para todos que sou inocente, mamãe!

Cecília está feliz com o filho ali à sua frente.

— Eu estava com saudade de você, filho... Você está bem? Está bem instalado? Onde está fazendo suas refeições? Por que tudo isso, filho? Você poderia estar aqui em sua casa e com sua família.

Dalton a abraça e a conforta:

— Fique calma, mamãe, estou bem. Afinal, já estou bem grandinho, não é mesmo? Sei me cuidar, pode relaxar. E quanto a não estar morando aqui, mamãe, e a senhora me conhece muito bem, é porque não quero confusão e, se ficasse, iria ficar constrangendo a todos, e a mim também! Até que se prove o contrário, sou culpado, então, o que me resta é investigar de onde partiu todo esse emaranhado que me assolou, e vou provar que sou inocente, mamãe, pode acreditar! E olhe: quem sabe isso tudo não venha a lhe render uma nora?

Ri, abraçando-a, e ficam conversando por algum tempo até que Dalton se despede e sai rumo ao aeroporto, onde Miriam o aguarda juntamente com os investigadores. E quando chega, a moça logo vai lhe dizendo:

— Dalton, tenho boas notícias para você. Os investigadores já constataram o autor da abertura da conta.

— E quem foi?! — pergunta ele, eufórico.

— Calma, já levantaram isso, porém temos só um nome por enquanto, mas logo saberemos quem é. O nome é Antonio Carlos da Cunha, mas como existem muitos homônimos, temos de esperar um pouco.

— Antonio Carlos... Antonio Carlos...? Não me lembro de conhecer alguém com esse nome, mas me soa familiar. Mas como você disse, vamos aguardar, não é mesmo?

E os dois se preparam para embarcar. Um casal comum caminha em direção ao avião, mas com uma grande luz a acompanhá-los, com raios luminosos e coloridos.

Tudo transcorre normalmente durante a viagem, e os dois continuam a se harmonizar cada vez mais. Miriam chega a lhe dizer que tem a sensação de já conhecê-lo há algum tempo, devido aos ideais em comum que partilham.

Chegando ao destino, logo partem em direção ao banco, onde são logo recebidos pelo diretor da agência bancária na qual estava todo o dinheiro. Miriam, que fala inglês fluentemente, não sente dificuldade em se comunicar, e vão direto ao que interessa. Depois das apresentações, da identificação e dos trâmites legais, logo é feita a remessa do dinheiro para o Brasil, em nome da empresa de seu Joaquim.

    Depois, dão início à investigação sobre quem abriu a conta e quem enviava o dinheiro. E com a ajuda do plano espiritual, bem próximo dos dois jovens, os problemas são logo resolvidos, e é dado a Miriam saber, em primeira mão, a procedência do dinheiro. Descobriram que o autor da abertura da conta era mesmo o tal de Antonio Carlos da Cunha, e as remessas vinham por intermédio de uma mulher cujo nome constataram ser falso, mas já era um bom começo, e agora era só esperar por notícias dos investigadores, que acreditavam estar a poucos dias de desvendarem o caso. Tudo pronto, agora só restava esperar pelos trâmites do banco. Enquanto isso, iriam aproveitar para conhecer a cidade. Dalton estava ansioso duplamente: a primeira causa era resolver sua situação, e a segunda era poder conhecer aquela tão bela cidade em companhia de Miriam.

    Ela, por sua vez, já bastante acostumada a viajar ao redor do mundo, leva-o para conhecer os mais belos pontos da cidade. Dalton está maravilhado, pois nunca tivera tempo para se dedicar a viajar e conhecer outros países. Vivia somente para trabalhar com o pai, porém sem reclamar. Agora estava se sentindo livre como um pássaro que viveu anos no cativeiro. Não sabia o que olhar de tanta coisa diferente ao seu conhecimento e, então, diz à moça:

– Veja, Miriam, como é maravilhosa a vida. Precisou acontecer tudo isso para que eu pudesse conhecê-la e conhecer esta maravilhosa cidade, e tão longe assim! Eu jamais pensei em sair do país, nem à praia, que é tão perto, eu vou. Não estou reclamando, pois sempre fiz o que devia fazer e o que achava certo. Agora, vejo que deixei muita coisa para trás, mas, felizmente, descobri que nem só de trabalho vive a humanidade, não é mesmo? É preciso admirar as belezas que Deus criou para nós, agradecer pela oportunidade que nos é dada gratuitamente e ver que precisamos disso tudo para sentir a grandeza e o poder do Pai Eterno!

Miriam o ouve com os olhos lacrimejantes. Também está feliz, e vê-lo assim lhe traz um alento suave à alma.

– Estou plenamente de acordo com você. Isso tudo que aconteceu tem um propósito, e Deus sabe o que faz. Também estou feliz por tê-lo conhecido. Se não fosse toda essa desgraça que lhe aconteceu, talvez jamais nos encontrássemos, apesar de morarmos na mesma cidade.

E os dois se abraçam num laço de felicidade

que, nesta experiência, não se desatará tão facilmente. E saem a apreciar a beleza daquelas terras distantes, nascendo entre eles um belo romance, que os deixa emocionados de alegria.

Passam os dias determinados pelo banco, e os dois retornam ao Brasil, com muitas novidades, tanto para a empresa, como para eles mesmos.

A primeira pessoa a ser informada das notícias é o Dr. Luiz, que fica muito feliz em ver as coisas voltando ao normal, e mais feliz ainda em saber que os dois estão namorando.

– Vocês nem sonham como isso me deixa feliz. Faço o maior gosto em vê-los juntos! Vocês devem ser, como se diz, almas gêmeas, e isso eu percebi quando apresentei Miriam a você, Dalton. Parecia que havia uma música no ar quando vocês se olharam pela primeira vez – e os abraça, desejando muitas felicidades aos jovens.

Em seguida, começam a tratar de todos os detalhes da volta do dinheiro aos cofres da empresa.

Logo, Dalton vai falar com a mãe, que está ansiosa por notícias. Chega trazendo Miriam pelo braço e diz à mãe:

– Eu não disse à senhora que tudo isso iria lhe render uma nora? Esta é Miriam, minha advogada e minha futura esposa.

Cecília quase não acredita no que ouve. Se não estivesse vendo, não acreditaria. Dalton estava feliz e a garota era muito bonita e simpática, apresentava tudo o que uma mãe deseja a um filho: uma boa mulher para continuar a caminhada da vida.

– Muito prazer, Miriam. Fico feliz em ver meu filho feliz, e sei que você o fará mais ainda. Tenho muita certeza disso, mas entre, por favor, vamos tomar um café e conversar um pouco.

E todos se dirigem à cozinha e conversam longamente, deixando o coração de Cecília aliviado!

Na empresa, o comentário já se instalara novamente, devido à notícia de que Dalton havia devolvido o dinheiro. Agora, as apostas eram no sentido de saber se ele voltaria ou não.

Laura está aflita, pois imagina que a trama que armara para o irmão está por pouco de ser desvendada, sentindo-se uma amadora de quinta categoria. Não esperava que tudo fosse resolvido tão rapidamente. Sente medo e conclui que, se pelo menos aquele idiota do Antonio Carlos estivesse ali, talvez isso tudo não tivesse chegado assim tão fácil ao conhecimento de Dalton. Porém, ele resolvera sumir, mas, jura para si mesma, que isso não ficará impune. Sente raiva e murmura entre os dentes: "Se eu for acusada, irei acusá-lo também! Vai ver quem manda! Pensa que, sumindo da cidade, vai ficar sem chumbo?! Ah, mas não vai mesmo! Espere só, meu amor, espere só!".

Enquanto está envolvida em seus pensamentos, toca o telefone. É o Dr. Luiz, chamando-a a sua sala. Um calafrio percorre seu corpo e pensa: "Vai começar. Agora tenho de ser forte, determinada. Já plantei a desconfiança em papai, e só me resta ir até o fim!".

E vai ao encontro do advogado, que, confiante, diz:

– Entre, Laura. Como lhe disse, quero deixá-la a par da situação. Você já deve saber que Dalton devolveu todo o dinheiro para a empresa, e que as investigações já estão bem adiantadas. Descobriram, inclusive, quem abriu a conta, e, por mais algumas horas, esse indivíduo nos será apresentado. Ainda não localizamos seu paradeiro, mas ninguém consegue se esconder por muito tempo. Daí, saberemos com exatidão quem foi o autor ou a autora desse ato covarde contra Dalton.

Laura sente um calafrio, mas não perde a calma.

– Admira-me muito ver que o doutor acredita fielmente que Dalton não é o culpado. Como pode ter tanta certeza?

Dr. Luiz já esperava pela pergunta da jovem e lhe faz uma revelação:

– Laura, sou advogado desta empresa há mais de vinte anos, conheço cada um aqui melhor do que pensa, e, se está imaginando que eu possa ter algo a ver com tudo isso, pode esquecer. Somente quero que saiba que tudo aqui é gravado, e sei que você não sabia, não é mesmo? Até os telefonemas também o são! Isso é segredo, ninguém sabe. Você é a primeira a saber!

Laura fica pálida, sente que suas forças estão abandonando-lhe o corpo, mas se refaz rapidamente.

– Isso é muito esperto de sua parte, doutor, fazendo com que as suspeitas não recaiam sobre sua conduta, não é mesmo? Mas me diga: já sabem quem foi o autor da abertura da conta?

– Sim, mas, por hora, ainda não posso revelar. Temos de descobrir o paradeiro de dois funcionários, que se demitiram e que tinham acesso ao dinheiro. Depois, sim, vamos revelar a todos, inclusive a você, Laura.

A moça se levanta e, após alguns segundos de silêncio, pede:

– Por favor, doutor, coloque-me a par, sim?

– Claro, Laura, com todo o prazer!

Ela percebe uma ponta de alegria na voz do advogado, mas nada diz, e vai embora com a cabeça fervilhando de perguntas: – "E agora, o que faço? Se acharem qualquer um dos envolvidos, estarei frita!" – e vai procurar pelo irmão.

– Berto, o cerco está se fechando. O que faremos? Não estou vendo saída.

Berto parece não se preocupar, dizendo:

– Você é a autora, então, arrume uma saída. Eu só sou coadjuvante, maninha!

– Você não está pensando que, se tudo vier a ser descoberto, vai ficar sem chumbo, né?! Você é tão culpado quanto eu!

– Ah! Mas não sou mesmo! Tenho alguma culpa, sim, mas você arquitetou tudo isso e eu fui contra, lembra? Disse que Dalton não era o bobinho que você pensava que era, e não é mesmo! E que iria enfrentar o mundo, se preciso fosse. Ele pode ser um chato como irmão, mas é inteligente, e isso você não pode negar. Agora, mana, teremos de arcar com as consequências e rezar para que papai nos perdoe, coisa que duvido que ele faça. Isso se não sofrer um infarto fulminante!

– Você está se saindo um covarde! Quando lhe pedi ajuda, correu a aceitar, e, agora, quer sair de irmãozinho arrependido. Você vai junto comigo, mano. Para onde eu for você vai também!

E sai, deixando Berto preocupado e murmurando consigo mesmo:

– Que seja o que Deus quiser, agora não tem mais volta.

Laura, aflita, volta à sua sala e fica a andar de um lado para o outro sem parar!

Dalton, por sua vez, está felicíssimo com tudo à sua volta, já que está tudo caminhando para a solução desejada, mas não sabe o que ainda irá presenciar. Sua família está por um fio de se desfazer, a discórdia e a frustração serão instaladas em sua residência familiar. Vai à procura de Nelson no Centro Espírita, e é logo recebido com carinho pelo dirigente da casa, que exclama feliz:

– Que bom revê-lo, meu jovem, mas me diga: como vão as coisas? Soube que viajou para o exterior. Resolveu seus problemas?

Dalton, como sempre gentil, responde-lhe:

– Graças a Deus, está tudo caminhando certo. Agora só resta esperar pelo desenrolar dos acontecimentos, pois está por pouco o momento de sabermos o nome dos culpados. Mas me diga, seu Nelson, será que ainda haverá mais coisa ruim para acontecer? Estou sentindo isso já faz alguns dias e tenho receio de que meu pai não vá suportar.

– Dalton, meu filho, você já está bastante adiantado em seu desenvolvimento mediúnico, e tudo isso que sente deve ter um fundamento. Penso que o estão preparando para o desfecho final. E você sabe, mais do que ninguém, que isso não vai ter um final feliz, mas precisa ser forte, como já lhe dissemos antes. Tem de ser o esteio de sua família, para que ela não desmorone totalmente.

– O senhor me assusta, seu Nelson. O que mais poderia acontecer, além de alguém ir preso, responder a um processo ou coisa assim?

Nelson o abraça, fraternalmente.

– Você sabe, Dalton. No fundo, já sabe, só não quer acreditar, mas tenha fé em Deus e no Plano Espiritual, que tudo ficará bem! Mas me conte: como foi sua viagem?

Dalton relata ao amigo tudo que acontecera, inclusive seu namoro com a jovem Miriam, sua advogada. E seus olhos brilham quando fala do romance.

– Fico feliz em saber que encontrou alguém à sua altura, meu filho – diz o senhor Nelson –, e peço a Deus para que abençoe essa união e que ela dê muitos frutos.

E os dois riem e conversam por algumas horas.

17

Passado o fim de semana, encontram-se novamente reunidos os diretores e acionistas da empresa, bem como os investigadores contratados, Miriam, a advogada de Dalton, que o está representando, menos ele, que preferiu não participar, pois estava ansioso demais e não queria saber das notícias antes de todos! Preferia ficar de fora.

Começa a reunião, Laura e Humberto estão nervosos. O suor frio corre pelo rosto de Berto, Laura está trêmula e o Dr. Luiz a interpela:

– O que há com você, Laura? Não me parece estar muito bem. Quer sair um pouco, tomar um ar fresco?

Laura se irrita com o advogado e responde, agressivamente:

– Por favor, doutor Luiz, deixe-me em paz, está bem? Cuide da reunião, que eu estou bem.

O advogado nem se incomoda com a estupidez de Laura e inicia a reunião, pois todos se encontram ansiosos. Afinal, hoje será o grande dia das revelações e há muita agitação na sala.

– Por favor, senhores, peço-lhes um pouco de silêncio, pois vamos dar início à reunião, que é o que nos interessa no momento. Hoje, vamos pôr um fim neste episódio infeliz que nos ocorreu. Temos aqui a presença dos investigadores que contratamos para resolver o caso, e eles nos trouxeram todas as provas documentadas de quem foi o autor do crime cometido contra o patrimônio da empresa. Antes, quero deixar bem claro que o dinheiro já foi todo devolvido aos cofres, com juros e correção monetária! E também quero deixar claro que o senhor Dalton foi uma vítima inocente nisso tudo. E, a partir deste momento, iremos esclarecer o que ocorreu realmente.

Chama, então, um dos investigadores para se pronunciar. Este, imediatamente, começa a relatar todo o ocorrido e, enquanto fala das provas e sobre os envolvidos, Laura vai ficando cada vez mais abalada, mas não arreda pé do lugar. No fundo, tem esperanças de que a culpa recaia somente sobre Antonio Carlos.

Nesse momento, o investigador já começa a entrar mais profundamente no assunto.

– Senhores, o autor da abertura da conta já foi indiciado e está sob os cuidados da Polícia Federal, e nos entregou o nome de todos que participaram dessa trama. Já foi instalado o inquérito sobre os funcionários que se demitiram na época e que se encontravam desaparecidos. De qualquer forma, como ninguém consegue se esconder para sempre, logo foram localizados, e estão também sob a custódia da polícia, a fim de que não fujam novamente.

Infelizmente, a notícia que trago até vocês não é a melhor parte, pois o envolvido se trata de alguém da família do proprietário da empresa. Quero que os senhores examinem as provas e verifiquem com o doutor Luiz quanto às providências a serem tomadas.

Quanto ao senhor, prezado Joaquim, resta-me dizer que sinto muito, mas a autoria dessa trama toda é da sua filha Laura, juntamente com o amante, o senhor Antonio Carlos, que, por sinal, já está preso!

O tumulto é geral, todos falam ao mesmo tempo. Seu Joaquim está muito pálido, sente suas forças o abandonarem, e a dor em seu peito é tão forte que cai no chão. Todos correm a socorrê-lo, e alguém chama o médico da empresa.

– O caso é grave – diz ele –, e temos de levá-lo ao hospital urgentemente.

Laura está tremendo. Não sabe se socorre o pai, ou se vai embora dali, onde todos a olham com ar gravemente acusatório. Já não bastasse o que fizera, agora seu pai estava ali, desfalecido, prestes a abandonar o corpo por obra e arte dela própria.

O empresário é levado às pressas para o hospital, mas não consegue suportar tanta dor e, apesar de ter sido socorrido por um médico cardiologista, sua desencarnação é inevitável. Nada mais será possível fazer para ressuscitá-lo, e ele vem a falecer! A tristeza foi maior que sua vontade de viver! As notícias correm feito fogo sobre a palha, logo Dalton vem a saber e, não se conformando com a notícia, exclama:

– Meu Deus, perdoe-me. Eu poderia ter ido àquela reunião, e, talvez, ao meu lado, tivesse suportado com mais firmeza a triste notícia. E agora, o que será de nossa família?

E chora. Miriam, ao seu lado, consola-o dizendo:

– Tenha calma, Dalton, tenha muita calma, pois não podemos mudar o rumo do destino, e nos resta somente sermos fortes. Sua mãe vai precisar muito mais de você agora!

E os dois ficam ali, abraçados por um tempo, partindo, logo depois, para o hospital.

Em casa, Cecília, Laura e Berto estão apavorados, e a mãe grita, chora e se desespera.

– Você é uma doente, minha filha? Está feliz? Conseguiu o que queria? Quero saber o que vai fazer agora! Tinha tudo na vida, só não tinha decência e amor nesse seu coração de pedra! Éramos uma família feliz até você achar que era Deus! Seu objetivo em destruir a família se concretizou, não é mesmo? E pensar que desconfiamos de Dalton, que nos deixamos levar por sua vontade estúpida de machucar seu irmão. O que queria, Laura?! O que queria ganhar com isso? E você, Berto, o que pensa da vida, unindo-se a essa delinquente, pois foi isso que criei: dois delinquentes! E pensar que tratei mal a Dalton, quando vinha me avisar sobre a conduta de vocês dois – e chora, desconsoladamente.

Laura e Berto nada dizem, pois se encontram abalados e com muito medo.

Logo, Dalton chega, e Cecília corre a abraçá-lo.

– E agora, meu filho, o que será de nós? Sem seu pai aqui, o que vai ser de nossa família?

Dalton se afasta um pouco e procura animar a mãe:

– Tenha calma, mamãe, desespero não vai ajudar. Agora não tem mais jeito, temos de nos preparar emocionalmente, está bem? O papai vai ficar bem em sua nova vida. Com certeza, já se encontra amparado e será tratado, pode ficar sossegada.

— Como posso ter calma, meu filho? Laura pode ser presa a qualquer momento, e a desgraça vai ser total em nossa família!

Dalton tenta consolar a mãe, e a faz sentar-se, pedindo para que alguém lhe traga um calmante. Laura corre a atender, enquanto Cecília se recusa a tomá-lo, mas é convencida! Quando se acalma um pouco, ainda pergunta:

— E agora, filho, o que vamos fazer?

— Em primeiro lugar, mamãe, temos de tratar do sepultamento do papai. Depois, veremos o que vai acontecer, está bem? E não se preocupe, pois já tomei as devidas providências. O velório será lá no cemitério mesmo. É um lugar amplo e sei que muita gente vai querer se despedir, pois papai era muito querido. Não chore mais, está bem? Isso tudo faz parte da vida, e temos de saber lidar com essas emoções fortes. Deus não nos dá um fardo que não possamos carregar e, se nos deu este, é porque a senhora é muito forte. Não se esqueça de que estou ao seu lado sempre, está bem?

E beija a mãe com carinho. Laura e Berto estão paralisados, e é quando Dalton diz:

– E vocês dois, vão ficar aí, petrificados? Façam alguma coisa de útil, pelo menos no dia de hoje! Sejam cordiais com as pessoas e não alimentem as conversas que surgirem no decorrer do velório. Tentem ser gentis e, se puderem, façam cara de arrependidos.

Laura já ia lhe responder quando Berto a puxa, recomendando-lhe:

– Fique calada, Laura, calada, pelo amor de Deus! Não estamos em condição de contradizer o que quer que seja, nem mesmo o insulto de Dalton. Vamos nos concentrar agora na partida de papai, depois conversaremos sobre isso!

Laura puxa o braço e concorda com o irmão:

– Está bem, mas não pense que vai ficar de fora disso tudo, maninho! Você é tão culpado quanto eu!

E sai correndo para seu quarto, deixando a mãe mais apreensiva ainda.

Dalton conversa mais um pouco com ela e, depois, sai para tratar dos procedimentos necessários quanto ao atestado de óbito e ao referido velório, mas antes passa no Centro Espírita para falar com seu Nelson, que o recebe com carinho.

– Como está, meu filho, fiquei sabendo de tudo. Que coisa horrível. Como você está se sentindo?

Dalton, então, desabafa:

– Aconteceu o que temíamos, não é mesmo? Essa partida de meu pai, eu já pressentia, só não sabia que seria tão rápida assim. E agora, seu Nelson, o que faço? Queria poder ajudar meu pai, queria tanto que ele acreditasse nessa doutrina, mas era turrão e muito incrédulo. Será que ele vai sofrer? Vai entender? Vai ser auxiliado?

– Uma coisa de cada vez, Dalton. Seu pai, por hora, já deve estar sendo amparado num pronto-socorro espiritual e, logo que acordar, deverá ser transferido para outro lugar, para ser tratado e, se Deus assim o permitir, ele não sofrerá. Mas você sabe das consequências quando não aceitamos a nova fase da experiência e não acreditamos que deixamos o corpo físico. Aí tudo fica mais difícil! Mas não se preocupe tanto, ore por ele, e eu irei fazer o mesmo. Vamos pedir luz e entendimento para que ele aceite a ajuda que lhe oferecem e tenha fé em Deus, pois somente isso podemos fazer por hora! Agora você tem de se preocupar com os problemas sérios que a morte de seu pai irá lhe trazer, como, por exemplo, o que poderá acontecer com sua irmã Laura, com a empresa, com os funcionários. Daqui para a frente, você terá de enfrentar outros problemas de ordem física. O da dor espiritual, você ainda vai entender mais tarde.

Dalton ouve calado, está com a cabeça fervilhando, e agradece:

– Obrigado, meu amigo, o senhor sabe da minha vida melhor do que ninguém, não é mesmo? Obrigado, seu Nelson.

O homem o abraça e ainda lhe diz:

– Pode contar comigo, meu jovem. Você é a esperança da sua família e não pode decepcioná-los, está bem?

– Pode deixar, seu Nelson, não vou decepcioná-los. Agora preciso ir. Fique com Deus, meu amigo.

– Que Deus o acompanhe e o oriente nas decisões.

18

O TUMULTO É GERAL, DENTRO E FORA DO VELÓRIO. Seu Joaquim era querido e admirado por todos. Mas o maior comentário era sobre a filha má, Laura. Todos diziam que fora ela quem matara o pai de desgosto, e que o empresário não suportara tanta maldade entre os irmãos.

E o sepultamento ocorre na hora marcada, deixando muitos amigos e familiares a chorar e a rezar pelo homem bom que ele fora.

***

Já no plano espiritual, seu Joaquim está deitado em uma maca, rodeado de enfermeiros, que o auxiliam com vibrações em torno do seu leito.

Devagar, então, ele vai abrindo os olhos. Não conhece ninguém que está ali, sente-se confuso, não se recorda do acontecido, gagueja algumas palavras sem nexo e tenta se mexer, mas é logo impedido por Jacira, uma das auxiliares, que lhe diz:

– Esteja tranquilo, Joaquim, você não pode se mexer agora.

Ele abre os olhos e pergunta, meio sonolento:

– Quem é você? E onde estou?

– Você está em um atendimento de urgência – diz Jacira. – E nós estamos aqui para ajudá-lo.

– Que lugar é este, minha senhora? O que aconteceu? Não me lembro de nada... Como vim parar aqui? Quem me trouxe?

Jacira, com sua habilidade costumeira em atender os primeiros socorros depois da desencarnação, responde:

– O senhor logo vai saber, mas agora precisa dormir mais um pouco, está bem? Quando acordar novamente, estará mais forte, e então conversaremos.

Seu Joaquim não está entendendo e chama por Cecília, por Dalton, querendo saber por que eles não estão ali.

E os atendentes o fazem adormecer para evitar um trauma em sua consciência, que se encontrava totalmente confusa.

Depois de passados dois dias da desencarnação, seu Joaquim acorda novamente, desta feita, mais calmo e, quando abre os olhos, encontra-se deitado em um quarto, com mobílias muito brancas. Tenta se levantar, mas não consegue, e começa a chamar por Cecília, até que Jacira vem em seu socorro, dizendo-lhe:

— Por favor, Joaquim, não tente se levantar, pois ainda se encontra muito fraco.

— Pelo amor de Deus, senhora, diga-me onde estou, pois não estou entendendo nada, não me lembro de nada. O que aconteceu comigo? Diga-me, por favor: onde está minha esposa?

Jacira o ajeita novamente na cama, arruma o travesseiro e lhe responde:

— Não posso lhe dizer nada, seu Joaquim. Quem irá falar com você é o doutor Victor, já que ele será o responsável por você de agora em diante, e, por favor, acalme-se que logo ele virá lhe fazer uma visita. Por ora, procure descansar um pouco para se fortalecer, está bem?

E sai, deixando Joaquim inquieto e pensativo.

"O que me aconteceu, meu Deus?! Que lugar será este? Será que fui atropelado e estou em outra cidade? Mas não me recordo de ter ido viajar... E por que minha família ainda não veio? Será que me abandonaram?"

E os pensamentos ficam cada vez mais confusos, mas não pode fazer nada, pois se encontra impossibilitado de andar, só lhe restando esperar, como disse a enfermeira, e, então, adormece novamente.

Ao acordar, depois de mais alguns dias, abre os olhos e vê um homem todo de branco, com olhos brilhantes e um largo sorriso no rosto.

– Como está, seu Joaquim? Está melhor agora? Meu nome é Victor e sou seu médico. Você está se recuperando muito bem.

O paciente, ainda bastante confuso, roga, como já o fizera:

– Por favor, doutor, ajude-me. O que estou fazendo aqui? E o que me aconteceu? Ninguém me diz nada... Cadê a minha família?

– Vou lhe contar, mas tem de me prometer somente ouvir e não tentar fazer nada que possa prejudicá-lo, pois ainda está em recuperação, e isso leva algum tempo. O senhor me promete?

Joaquim, mesmo sem nada entender, concorda:

– Claro, doutor, prometo o que o senhor quiser para que me diga o que aconteceu.

Então, Victor se senta à sua frente e inicia:

– O que vou lhe contar, de início, ser-lhe-á difícil de aceitar, mas da sua compreensão, da sua confiança, é que vai depender toda a ajuda que iremos lhe dar, está bem?

– Sim, por favor, doutor.

– Bem, pretendo ir direto ao assunto. Sabe, seu Joaquim, você não faz mais parte do plano físico. Você deixou seu corpo lá na Terra há mais de uma semana, vítima de um infarto fulminante, que o levou a óbito.

– Mas como, doutor?! Não é possível! Estou em um hospital, e o senhor é meu médico... Como posso acreditar nisso, se nem me lembro do que me aconteceu?

– Procure se acalmar. Vou ajudá-lo a se lembrar.

Dizendo isso, o médico se levanta e vai até a cabeceira da cama do paciente, explicando:

– Vou lhe aplicar uma magnetização, e você vai ver tudo o que aconteceu.

E o Dr. Victor aplica-lhe um passe, e seu Joaquim, cerrando os olhos, vê passar em sua mente todo o ocorrido: gente correndo, tentando reanimá-lo, o corre-corre dentro da sala de reuniões, vê os filhos paralisados, a gritaria por socorro. Começa, então, a ficar exaltado, quando o médico interrompe a magnetização e lhe diz para que se desconcentre e que, por ora, já lhe seria o suficiente para que começasse a analisar o que lhe ocorrera.

Joaquim principia a chorar.

— O que será da minha família? Nunca mais poderei vê-los?

— Meu irmão – diz Victor –, se você se preparar e aceitar esta nova fase aqui, e, quando estiver recuperado, poderá ir visitá-los. Seu filho Dalton é um grande companheiro, e ele está na família exatamente para ajudar. Logo irá saber quem, realmente, ele é, e tudo ficará bem mais esclarecido. E lhe digo mais: se mantiver a calma e receber todo o tratamento de que necessita, logo Dalton virá aqui visitá-lo.

— Mas como, doutor? Não entendo... Eu não aceitava a religião dele, achava que era tudo lorota. Até zombava de suas crenças, e agora aqui estou! Eu sempre acreditei em Jesus e em Deus, não era frequentador assíduo de nada, só trabalhava muito. Eu preciso entender mais, doutor, senão vou enlouquecer – e começa a chorar.

O médico, muito carinhosamente, explica-lhe, dizendo que, por ora, é o que ele deve saber, mas que logo saberá bem mais, e que será necessário munir-se de um pouco de paciência e muita fé no Criador, que tudo sabe e tudo faz por Seus filhos. Que Deus não deseja que nenhum de nós se perca, mas que todos sejam libertados e vivam em Sua graça.

– Por isso, senhor Joaquim, agradeça a Deus. Você não era um religioso, mas era um homem bondoso e humano, ajudando a todos sem pedir nada em troca. Sua fortuna lhe foi concedida justamente para ajudar a quem precisasse, e você ajudou a muitos. E isto o fortaleceu, porque ser religioso e não praticar a caridade significa o mesmo que não ser nada, ser cego às recomendações de Jesus.

Joaquim ouve e seu coração parece iluminar-se, apesar da insistente tristeza que invadia sua mente.

– Mas diga-me, doutor: e os meus filhos? O que será deles? Parece-me que, se fui muito bom para com os outros, ao mesmo tempo, falhei como pai. Se estou aqui foi de tanta tristeza em ver a desunião e a rivalidade que existe entre eles.

– Sobre tudo isso, você vai saber logo mais. Tenha paciência, pois seria muita informação para quem acaba de chegar. Descanse mais um pouco. Amanhã, virei novamente visitá-lo e, com certeza, estará melhor. Daí, poderemos conversar um pouco mais. Tenha um bom descanso e fique na paz de Jesus, nosso irmão maior!

E sai, fechando a porta e deixando seu Joaquim a descansar.

Já no plano físico, Dalton está à frente dos negócios da empresa, retomando o seu lugar de direito. Ainda é motivo de muita tristeza, por parte dos empregados, a morte de seu Joaquim. Alguns deixam transparecer no rosto a saudade do patrão e amigo. Não brincam mais, todos muito sérios e abalados. Humberto ainda continuou, por um tempo, a trabalhar na empresa, mas não se sentia confortável devido às piadas irônicas de muitos, que diziam ser ele o culpado pela morte do pai. Então, pediu para se afastar por um tempo, apesar da interferência de Dalton, que lhe pediu para ficar. Mas foi em vão seu pedido, e Humberto se afastou da empresa.

Passados sete dias da desencarnação de seu Joaquim, e, como a família é católica, está sendo preparada a missa de 7º dia na igreja matriz da cidade. Dalton não se opõe, pois sabe que tudo o que é realizado em nome de Deus é muito importante, e participa da missa juntamente com a mãe.

Laura e Berto também estão presentes, mas se sentam longe dos olhares de censura dos fiéis.

Termina a missa, Dalton sai levando a mãe, que ainda se encontra bastante abalada, não conformada com a partida do esposo amado. Afinal foram mais de trinta anos juntos, e essa separação não está sendo nada fácil para ela.

Em casa, já acomodada, chama Dalton:

– Diga-me com sinceridade, meu filho, como está o processo contra Laura? O que vai lhe acontecer agora? Estou tão aturdida com tudo, que ainda não parei para pensar.

Dalton se senta à sua frente, pega sua mão e lhe diz:

– Não se preocupe, mamãe, deixe que vou resolver isso da melhor forma. Mesmo Laura não merecendo, é minha irmã, e não vou deixar que a maltratem. Não vai conseguir se livrar do processo, será julgada pela justiça, mas acredito que ela não irá presa. Agora, passar por situação constrangedora, isso eu não posso evitar, porém vou dar a ela todo o apoio de que precisar. Inclusive a Miriam, que me defendeu das acusações que Laura mesma me fez, vai ajudá-la no processo. Fique tranquila, está bem?

– Eu me sinto fracassada na educação de Laura e de Berto... Dei a eles mais mimos do que a você. Tentava esconder toda traquinagem que faziam desde a infância, e isso os deixava confiantes demais, achando que poderiam fazer qualquer coisa, e que eu iria acobertá-los. Mas eles passaram do limite e agora terão de arcar com as consequências. Mas mesmo sabendo disso tudo, meu filho, sinto muita dor em vê-los assim, acuados, feito bichinhos que perderam o dono – e chora.

Dalton a abraça.

– Não pense assim, mamãe. A senhora só queria mimá-los, mas não foi por isso que fizeram o que fizeram. Isso é do caráter de cada um, é um defeito que trazemos há muito tempo, e que, se o deixarmos nos dominar, não poderemos contar com coisa muito boa. Por isso é que é importante termos fé, uma doutrina religiosa a seguir. Mas tem de ser uma fé sólida, para que esses tormentos, do ciúme, da inveja, não nos arrasem o coração. Ainda somos bastante imperfeitos, mamãe, e Laura e Berto não são diferentes, são apenas almas em evolução que precisam de ajuda e de muito amor. Precisam ser tratados desse mal enquanto estão aqui na Terra, o mais cedo possível. E essa é a nossa tarefa. De qualquer forma, se Deus é por nós, quem será contra, não é mesmo?

Cecília ouve o filho falar com tanta clareza, que até seu coração se acalma, e lhe diz:

– Eu não entendo muito da sua religião, meu filho, mas fico muito emocionada em ouvir você falar assim, tão serenamente. E aí lhe pergunto: por que essa diferença entre vocês, que são irmãos? Você tão culto e gentil, tão amoroso e sereno, e os dois tão diferentes. Por que, meu filho? Explique-me, por favor.

– Sabe, mamãe, a vida é uma escola e, se viemos todos para uma mesma família, com certeza, há um grande propósito. Ninguém é igual a ninguém, temos de ser unidos, mas cada um tem a sua missão aqui. Cada um de nós traz uma bagagem e um ciclo para cumprir. Geralmente, vimos com as melhores das intenções, mas, quando aqui chegamos, tudo é esquecido, e fica só a nossa consciência a nos guiar, e o livre-arbítrio de cada um. Se quisermos cumprir o que nos foi ditado pelo Pai, temos de servi-Lo e andar na retidão. Se não quisermos dar ouvidos à nossa voz interior, deixamo-nos guiar pelas veredas do mal, e assim nos afundamos cada vez mais, porque, ao invés de saldarmos nossos débitos, adquirimos outros, e outros mais. E a cada vez que retornamos à Terra, na vida carnal, sofreremos as consequências de nossos próprios erros. E é assim, minha mãe, que a vida tem suas regras para serem cumpridas.

Cecília está pasma com a explicação do filho.

– Então, pelo que estou entendendo, Laura está aqui para ser reeducada?

– Sim, mamãe, ela e Berto, e nós temos de ampará-los, por isto é que lhe digo que, por tudo que ela me aprontou, não posso julgá-la! Apenas tenho de tentar ajudá-la a entender que não é assim que temos de cultivar nossa existência aqui. Acima de tudo, é preciso amor, minha mãe. São necessários muitos anos de paciência e, principalmente, de perdão.

Cecília o abraça e desabafa:

– Sabe, meu filho, sempre fui contra essa sua doutrina, mas, quando eu estiver melhor deste abalo que assombra nossa casa, prometo que irei com você para conhecer essa sua religião.

Dalton sorri feliz ao perceber o interesse da mãe em conhecer o Espiritismo. Era tudo o que queria ouvir, e diz:

– Fico feliz em saber que está disposta a isso e prometo que não irá se arrepender, sua ida ao Centro também vai ajudá-la a entender a partida de papai. Quando quiser, é só me avisar, está bem?

– Sim – diz Cecília –, pode esperar, meu filho, e pode acreditar também.

Nisso, Laura chega com ar de quem esteve chorando. Entra sem olhar para a mãe e para o irmão, indo direto para o seu quarto.

Dalton a segue. Bate na porta e entra. Ela está atirada em sua cama e, então, pergunta-lhe:

– O que você quer aqui? Não o chamei nem o convidei a entrar.

– Fique tranquila – pede Dalton. – Não vim aqui para brigar com você. Vim saber como você está. Não seja teimosa, Laura, e baixe um pouco a guarda. Não sou seu inimigo, sou seu irmão, e agora teremos de nos unir, pois sem o papai por perto, as coisas podem desandar. Temos de ser fortes e não deixar a nossa família se perder.

Laura se levanta, olha para o irmão com ar de fúria e explode:

– Não quero nada que venha de você! Se estiver pensando que a morte de papai vai pôr fim nesta historia, está enganado. Fiz o que fiz e não me arrependo de nada! E, se depender de mim, ainda vou lhe dar o troco disso tudo, pode acreditar!

Dalton, muito calmo, ainda tenta convencê-la:

– Minha irmã, você precisa urgentemente rever os seus conceitos em relação a nós. Eu não lhe fiz nada para que tenha tanto ódio assim. Sempre a tratei com o maior carinho e, mesmo tendo me colocado em situação constrangedora perante a empresa, não sinto raiva de você, e, se hoje está vivendo a mesma situação que vivi, foi você mesma quem provocou. Sabe disso e lhe digo mais: nunca se esqueça, minha irmã, que toda ação tem uma reação. E a reação que está prestes a passar foi por obra sua. Será que não podemos viver em paz? Mamãe está aflita com o que pode lhe acontecer. Isso não a preocupa? Será que, em seu coração, não tem um pedacinho de amor? Pense nisso, reflita, procure por Deus dentro de você. Assim, será mais feliz, garanto-lhe.

Laura abre a porta e ordena:

— Saia do meu quarto. Se quisesse ouvir sermão, iria à igreja. Saia!

— Laura, não acredite que você é tão poderosa quanto pensa. Vai precisar de ajuda, e esse seu orgulho vai lhe trazer graves consequências.

E assim que Dalton se retira, Laura bate a porta e se atira novamente na cama, chorando por horas, até adormecer.

19

Mais uma semana se passa, e Laura é chamada a depor. Não aceita que Miriam a represente e convida uma amiga recém-formada para acompanhá-la, e que a orienta a negar tudo. E assim o faz, imaginando ganhar mais tempo até o novo depoimento, fazendo com que o julgamento também demore mais. Enquanto isso, Laura está sem fazer nada, não quer mais ir às aulas, tranca sua matrícula, está sozinha e não quer mais sair, apesar da insistência das amigas, principalmente de Martha, que está sempre a visitá-la. Numa dessas visitas, a amiga lhe diz:

– Você tem que ser forte, Laura! Não pode desanimar. A vida continua, minha amiga, e ficar enclausurada dentro do quarto não vai resolver seu problema. Já é quase uma advogada e sabe dos trâmites desse processo. Não tem o que temer, pois sua família não irá deixar que nada de mal lhe suceda, não é mesmo?

Laura nem dá ouvidos à amiga e confessa:

— Sabe, Martha, o que mais me dói é saber que fui a causadora do infarto do papai, e ele não merecia ter passado por essa situação. Se fosse só pelo Dalton, nem estaria me importando. Vejo também muita tristeza nos olhos de minha mãe, que só chora, abatida e inconsolável.

— Então, amiga, mais um motivo para você tocar sua vida para a frente. Vai deixar sua mãe morrer de tristeza?

— Credo, Martha, nem diga uma coisa dessas! O que está acontecendo é que meu ânimo está em baixa, e não sinto vontade de ver ninguém, nem de falar com ninguém. Mas mesmo assim, agradeço sua visita, porém pode ir que vou ficar bem.

E abre a porta para Martha, que vai embora triste. Sente que sua visita não ajudou muito à amiga.

Laura fica trancada o dia todo e mal fala com a mãe, que insiste para que se alimente e saia um pouco, mas em vão, Laura come pouco, fala pouco e, assim, deixa Cecília preocupada. Como conhece bem a filha que tem, deixa-a ficar quieta, se é assim que deseja, somente procurando-a para levar alimentos, que são recusados. Mesmo assim, ainda insiste:

– Laura, pense bem, isso que está fazendo não vai resolver sua vida. Precisa ser forte. O que passou não tem mais jeito, agora tem de se preparar para se defender e retomar sua vida. O que fez foi horrível, mas o que está feito está feito, e o que tem de fazer, agora, é retomar seus estudos e esquecer tudo isso. Se já não bastasse Berto ter abandonado a Faculdade, agora você também! Aonde vocês querem chegar? O que querem provar? Pense bem, Laura, você já é uma mulher adulta e sabe escolher o caminho certo, então, saia dessa penumbra e toque sua vida, filha!

Laura está pálida, faz dias que não sai do quarto, e responde à mãe:

– Estou aqui pensando onde foi que errei... Estava tudo tão certinho, e estou me sentindo frustrada! Onde errei? Onde errei?

Cecília se apavora com a resposta da filha e lhe diz:

– Meu Deus, Laura, pensei que tudo isso que lhe aconteceu, mais a morte de seu pai, a fizessem pensar melhor sobre os seus atos, mas vejo que nada mudou dentro de você. Continua a mesma irresponsável de sempre, nada a sensibiliza, nada a comove...

Parece que tem um coração de pedra. Você precisa de ajuda médica, minha filha, urgentemente. Vou falar com nosso médico e marcar uma consulta para você.

– Nem pense nisso, mamãe! Estou bem e não irei a médico algum! Não se preocupe comigo. Estou só curtindo minha tristeza e frustração, mas vai passar, não se preocupe.

Cecília fica triste e tenta imaginar o porquê de Laura ser assim tão fria e tão cheia de ódio.

"Tudo isso me parece uma história de terror... E não consigo acreditar que minha filha possa fazer mal a alguém, mas as evidências apontam para isso."

– Você me deixa aflita, Laura. É adulta, e não posso prendê-la de castigo como fazia quando era uma criança. Hoje, tem suas próprias decisões, mas lhe digo, minha filha: você precisa de ajuda, e, pelo amor de Deus, deixe-me ajudá-la para que nossa família não venha a sofrer mais!

– Por favor, mamãe, deixe-me em paz! Deixe-me sozinha! Quero pensar, quero esquecer, quero dormir, deixe-me em paz.

Cecília sai do quarto e liga para Dalton.

– Filho, estou preocupadíssima com Laura, parece que está possuída! Hoje, fiquei com medo dela! Recusa-se a comer e não quer ajuda!

— Não se preocupe, mamãe, hoje irei ao Centro Espírita e verei o que podemos fazer por ela, está bem? Tenha calma e deixe-a lá quieta, assim não estará aprontando nada. E Berto, por onde anda? A senhora sabe dele?

— Saiu cedo e ainda não voltou. Só Deus sabe por onde anda. O que será deles, meu filho? Em vez de se unirem num mesmo propósito, que é o de administrar a empresa, junto a você, ficam se engalfinhando. Onde será que errei, meu Deus?!

— Hoje, à noite, vou tentar falar com ela novamente e ver se encontro Berto na cidade. Tentarei descobrir por onde anda, pode ficar sossegada. Antes, vou passar no Centro Espírita para falar com seu Nelson, depois irei procurar por Berto e, se der tempo, vou falar com Laura!

— Ainda bem que tenho você, filho. O que seria de mim, sozinha, para cuidar desses dois rebeldes?

Enquanto Cecília e Dalton lutam para harmonizar a família, seu Joaquim está fazendo grandes descobertas no Plano Espiritual. Já está melhor, recuperando-se bem do trauma pelo qual passara, já conversa com mais clareza e recebe as informações que Victor lhe dá, com a certeza de que logo poderá ter notícias da família.

Em conversa com Victor, lhe diz:

– Sabe, doutor, sempre tive sonhos estranhos, mas nunca falei nada para ninguém. Via minha família sofrendo e chorando muito, via-me em lugar diferente da Terra, tentava falar com pessoas estranhas, e sempre me diziam que me preparasse para uma viagem, mas não entendia nada. Hoje vejo que eram reais os meus sonhos, mas, na época, achava que sonhos eram apenas cansaço do dia a dia, porém agora, explicando-me tudo, vejo que, se tivesse prestado mais atenção a eles, talvez tivesse tido mais tempo, e não tivesse deixado minha família no estado em que se encontra.

Victor sorri e lhe explica:

– Meu amigo, tudo que lhe expliquei tem fundamentos nos seus sonhos, mas lhe afirmo que nada acontece sem que o Pai o queira. Você foi avisado, sim, como a maioria é avisada, só que todos acham bobagem, afinal, quem quer pensar que irá desencarnar um dia? Se todos dessem só um pouquinho de importância aos sonhos, muita coisa poderia ser evitada, mas, infelizmente, a Humanidade está muito ligada à carne e, em suas paixões, não prestam atenção aos avisos que lhes são dados. Os sonhos, meu amigo, nada mais são do que nós mesmos. Como já lhe expliquei, cada noite dormida é uma preparação para o plano espiritual. Por vezes, os sonhos são desconexos, e, às vezes, muito reais, por isso é necessário analisá-los bem, para não confundir. Mas a preparação antes de dormir é fundamental: a oração, os agradecimentos a Deus, a prática constante do bem nos fazem ir a lugares muito bons, quando nos encontramos com outros Espíritos, nossas energias são recarregadas e nos iluminamos com os ensinamentos para, assim, assegurar um bom dia. Se todos assim o fizessem, o mundo seria bem melhor e mais sereno.

– Ah, como é tudo simples e maravilhoso. Pena que ficamos sabendo disso somente depois que aqui aportamos, não é mesmo, doutor Victor?

– Sim, meu amigo, e é uma pena que tenhamos de sofrer muito até entendermos que tudo é muito fácil, que é fácil ser feliz, sem perturbações. Mas, infelizmente, ainda temos muito a aprender, e com muita fé e perseverança. Um dia, a Terra será um paraíso, onde todos viverão o amor e a paz. Mas, para isso, meu amigo, teremos de trabalhar muito no bem, muito mesmo!

E seu Joaquim continua interessado nas orientações do novo amigo, procura escutá-lo com atenção, e não vê a hora de poder sair daquele quarto e ir conhecer o lugar onde se encontra.

Já especulara os atendentes sobre onde está, como é lá fora, pois, até agora, só vira o quarto do hospital. Eles não dizem muita coisa, são todos muito educados, e cada um tem o seu trabalho, que é realizado com muita ordem e muito carinho. O mais falante de todos é Rui, um jovem bem aparentado, com belos olhos azuis, a pele bem branca e cabelos ruivos, que mais se parece com aqueles enfeites de anjo que Cecília tinha sobre os móveis. Então, Rui lhe revela que, lá fora, é tudo esplêndido, que a luz ali é diferente da luz da Terra, que todos vivem em harmonia, e que há uma hierarquia, com superiores, mestres. Que os que são de suprema ordem são os mais iluminados e que os auxiliam. São Espíritos mais elevados e que não podem ser vistos a qualquer hora, só em ocasiões especiais e necessárias. Todas essas informações deixam seu Joaquim muito curioso e com uma imensa vontade de ficar bom para poder sair do quarto e conhecer todo aquele paraíso que Rui lhe descrevera. Mas é paciente e sabe esperar, pois já aprendera que a pressa e o desespero só atrasam a evolução. Então, recosta-se no travesseiro e tenta dormir, mesmo com a curiosidade apertando-lhe o coração. Quer saber de tudo, quer ver, ouvir, ainda não sabe direito o que aconteceu, realmente, mas já está confortável com as explicações de Victor.

20

No plano físico, quem não está nada confortável com a situação é Laura, que, cada vez mais, está arredia à ajuda que lhe oferecem.

Dalton, por sua vez, faz o que prometera à mãe: passa pela casa espírita e conversa com Nelson, relatando-lhe o que está acontecendo com os irmãos:

– Sabe, senhor Nelson, ainda sou aprendiz e gostaria de saber a causa de meus irmãos serem assim tão revoltados, amargos, sem sensibilidade alguma. Não pensam que tudo o que fazem retorna para eles mesmos... Se eu conhecesse a causa, com certeza fruto de encarnação ou de encarnações passadas, talvez eu soubesse como ajudá-los mais eficazmente.

Nelson ouve com atenção e lhe responde:

– Meu jovem, você está evoluindo bem rapidamente e logo vai entender o que se passa em sua família, mas talvez tenha de passar por provações ainda piores do que as que já passou. Como já lhe dissemos, você é forte e determinado, tem muita proteção e está no caminho certo, mas vai precisar de grande dose de paciência e fé e terá que lidar com o desconforto de mágoas e tristezas, mas Deus o está orientando, meu filho. Veja essa jovem, que se aproximou de você na hora certa. Não deve ter sido por acaso e penso que foi justamente para fortalecê-lo e ajudá-lo nessa luta que está vivendo. Tenha esperança em Jesus, pois Ele é o caminho certo para os consertos que terá de aplicar em sua família.

Dalton se estremece com a declaração do amigo.

– O senhor me assusta! O que mais pode acontecer de pior? Será que minhas provações são tão grandes assim? Às vezes, sinto-me tão impotente diante de tantos problemas. Se não fosse pelo amor que tenho pela minha mãe, não sei se aguentaria tanta humilhação, como a que passei e que, pelo jeito, ainda vou passar. O que fazer, seu Nelson? O que fazer?

– Nada, meu filho. Por hora, terá de ter fé, muita fé, com confiança de que tudo que tiver de ser será, e que de nada adiantaria se desesperar. Tem que estar com a cabeça fria e esperar, certo de que Deus não desampara ninguém que Nele crê. Procure conversar calmamente com seus irmãos, sem brigas, para as coisas não piorarem. Promete que fará isso, meu jovem?

– Claro, seu Nelson, já pensei nisso, e também prometi à minha mãe que faria o possível para pôr a casa em ordem. Mas agradeço a sua atenção e a sua franqueza em me orientar. Agora, vou à procura de Berto, que está cada vez mais distante da família. Sabe que ele trancou a Faculdade? Não quer mais saber de nada.

– Faça isso, Dalton. Peça o auxílio dos irmãos evoluídos e iluminados e tenha confiança. Deus estará ao seu lado!

– Obrigado, meu amigo, e fique na paz de Deus!

– Você também.

Dalton sai e vai à procura do irmão. Roda pela praça central, pelos bares, mas não o encontra. Pergunta a vários jovens, mas ninguém sabe de Berto, e Dalton começa a ficar mais preocupado do que já estava. Aonde andaria seu irmão? Então, resolve ir à delegacia de polícia, onde o Delegado é seu amigo de infância e que, por sorte, encontra-se de plantão.

– Dalton, meu amigo, o que o traz à delegacia a esta hora? Aconteceu alguma coisa?

– Que bom encontrá-lo aqui, Geraldo. Estava precisando conversar com você. Não aconteceu nada por enquanto, mas estou preocupadíssimo com meu irmão Humberto. Ele anda estranho ultimamente, parou com a Faculdade, não quer ir mais à empresa, não fica em casa, e ninguém sabe dele na cidade. Preciso da sua ajuda, meu amigo.

– Nossa, que barra, hein?! Mas vamos entrar aqui em minha sala, assim poderemos conversar a sós!

Entram, Geraldo fecha a porta, e Dalton diz:

– Não estou gostando disto, Geraldo. Tenho a impressão de que está por acontecer algo muito grave com ele! Eu não sei com certeza, mas deve estar envolvido com companhias perigosas, e as drogas, com certeza, estão no meio. O que você me diz?

– Sinto dizer-lhe, meu amigo, mas, se é assim que está agindo, com certeza está em perigo, porém vou ajudá-lo, afinal, Berto era o irmãozinho brincalhão, que só nos atrapalhava, não é mesmo? Estragava toda brincadeira que fazíamos, e você sempre carinhoso com ele. Por mim, eu teria lhe dado uns bons tapas! Mas você era todo gentil, sempre foi, não é mesmo, Dalton?

– Pois é, e agora a situação é outra. Tenho

medo de que ele esteja envolvido com gente da pesada, agora não é mais uma brincadeira de criança. Por favor, Geraldo, ajude-me a descobrir o que Berto anda fazendo por aí.

— Claro, Dalton, pode contar comigo. Vou pôr alguns de meus homens à paisana para procurá-lo e, assim que tiver notícias, eu o aviso! Mas me diga: e sua irmã Laura? Como está, depois de toda aquela trapalhada na empresa?

Dalton faz cara de quem está com mais problemas e responde:

— É, Geraldo, as coisas em minha família estão feias! Mas esta é outra história, que lhe conto outra hora. Agora preciso ir, minha mãe está aflita. Nem a minha namorada tenho visto. A correria é tanta, os problemas são tantos, que mal durmo!

— Fique tranquilo, meu amigo, vou começar hoje mesmo a procurar por Berto, e depois conversamos, está bem? Mande um abraço para sua mãe. Ela deve estar sofrendo muito com a morte de seu pai, não?

— Está sim, e também com meus irmãos, mas obrigado, Geraldo. É bom saber que tenho um amigo como você para me ajudar. Muito obrigado mesmo!

Geraldo o abraça e o acompanha até a porta.

Logo que Dalton sai, o Delegado chama dois policiais que ali estão.

– Vocês dois vão fazer um serviço para mim, mas terá de ser à paisana. Irão apenas investigar, portanto não interajam em nada, apenas investiguem.

E passa as instruções aos dois policiais, que rapidamente se aprontam e partem rumo à periferia, pois sabem que é lá que mora a maioria dos delinquentes e traficantes. E não demora muito para localizarem um bar de quinta categoria cheio de jovens de toda classe. Uns, bem trajados, outros, descalços e maltrapilhos, mas todos na mesma sintonia. O som é alto, todos aglomerados, onde moças, rapazes e até menores de idade se encontram, naquele antro de perdição. Os dois policiais adentram o recinto sem serem notados, pois ninguém ali quer saber quem são e o que vieram fazer. Todos parados no tempo, ou nas viagens, como dizem. E logo se deparam com Berto, que está encostado no balcão do bar, com um ar perdido, parecendo mais um zumbi humano. Um dos policiais, então, aproxima-se dele e pergunta:

– E aí, meu chapa, *tá* tudo bem *contigo*?

Berto o olha como se não o visse, mas responde:

– *Tá*, por quê? Qual é a sua, irmão?

– Nada não – diz o policial –, foi mal, achei que era outro camarada.

E sai, deixando Berto ali, estagnado e sem a menor vontade de sair daquele transe. Os dois ficam mais um pouco, tomam uma bebida para não levantar suspeitas e logo dão a notícia para Geraldo, que não se impressiona, pois já esperava por isso! Mas sabe que Dalton já está com o resto do dia bastante complicado e, então, resolve esperar até o dia seguinte para falar com o amigo.

Berto está totalmente bêbado e drogado. Já não tem nem mesmo a noção de onde está, cada vez mais integrado no mundo das trevas. Seus amigos desencarnados estão vibrando com a conquista; ele já fazia parte da turma. Nada mais o faria voltar atrás. E cada vez mais ia se juntando a almas perdidas e agonizantes por um pouco dos produtos químicos, com os quais se viciaram em sua existência carnal, e que esse mesmo desejo às drogas os ceifara do aprendizado humano, que lhes fora dado com tanto carinho pelo Pai Criador.

Humberto volta para casa muito tarde. Na verdade, nem sabia como, até porque, também não sabia onde estava. Esse esquecimento momentâneo é bastante comum quando se está sob o efeito alucinógeno das drogas. Apenas conseguiu porque os companheiros desencarnados o auxiliaram, mentalmente, a voltar para casa. Isso também é compreensível, pois depois de o usarem para obter um pouco de prazer, assim o fizeram para que ele voltasse a salvo para sua residência, para que pudesse retornar no dia seguinte e começar tudo novamente. E assim que Berto chega a casa, eles saem à procura de outros que estejam na mesma condição do vício das drogas, dando continuidade aos seus prazeres sem fim, deixando mais jovens descuidados, enlameados, confusos, e sem destino certo! Jovens que, em vez de aceitar Jesus em suas vidas, para viverem o caminho certo, deixam-se levar por enganos, por paixões mundanas e atrocidades, sem se aperceberem do dano que isso causa ao Espírito. Um dano cruel até mesmo para os desencarnados que não conseguem se livrar do sentimento de escravidão que as drogas lhes causam. Passam a usar outros jovens com os mesmos vícios para assim se sentirem bem. E esse círculo vicioso está cada vez mais aumentando, com milhares e milhares de jovens nessa condição, fazendo com que os irmãos da ajuda espiritual tenham grande trabalho na tentativa de recuperá-los, antes de partirem, pois após a desencarnação, a situação se complica. Torna-se cada vez mais difícil o acerto da alma, quando, só então, podem retornar em condição de recuperados. São jovens que deveriam ser o futuro da raça humana neste tão belo planeta. Há que se salientar também que os pais devem e podem começar a se preparar e preparar seus filhos, que lhe foram confiados pelo Pai, a serem pessoas com capacidade para se integrarem na sociedade humana. Devem iniciar essa preparação mesmo antes de serem gerados, pois isso tem grande influência sobre o Espírito que está por vir. Se o amamos e respeitarmos a condição de irmão que está vindo para ser recuperado e reeducado, se o influenciarmos desde a tenra infância contra os males que campeiam pelo mundo. Se isso fosse ditado à risca para todos, nossos jovens não estariam à mercê das trevas. Pois quanto mais jovens estiverem a se perder pela imprudência da sociedade e da família, mais tempo vamos demorar para evoluir e, assim, conquistar o tão sonhado plano para a querida Terra. Ser um planeta em regeneração e não mais de expiação e provas.

21

ENQUANTO ISTO, SEU JOAQUIM ESTÁ MARAVILHADO com as descobertas. Já passeia pelos jardins em companhia de Victor, que o auxilia e responde a toda sua curiosidade. E, entusiasmado, diz:

– Sabe, doutor, estou pasmo com tanta beleza. Em minha ignorância terrena, nunca cheguei a imaginar um mundo espiritual. Sempre fui católico e acreditava vagamente no que o padre falava, achando tudo aquilo uma bobagem, mas também não acreditava em Espírito e, agora, vejo-me aqui, neste lugar tão harmonioso e límpido, vocês todos tão gentis, tanto trabalho, tanta dedicação a todos, sem distinção. Aqui todos são tratados da mesma forma, doutor?

– Sim. Aqui, meu amigo, somos todos iguais, não há ricos nem pobres, nem são feitas diferenças de acordo com raça, cor, sexo, nem coisa alguma que diferencie uns dos outros, apenas existindo a situação em que cada um chega aqui. Você vai ter a oportunidade de conhecer todos os trabalhos que aqui realizamos e, quando se sentir melhor, irá decidir o que mais lhe agrada no serviço. Você sabe que aqui todos trabalham e se ajudam mutuamente, não sabe?

— Sim, e não vejo a hora de poder começar, pois já estou bem melhor. É só me dizer o que fazer que o farei com todo prazer!

— Vamos com calma — diz Victor —, você ainda está aprendendo e precisa se integrar nesta sua nova fase. Quando chegar o momento, saberá, mas antes, precisa saber por que estava naquela família e o motivo que o trouxe de volta.

Joaquim está curioso e lhe diz:

— Gostaria de lhe fazer uma pergunta, doutor. Queria saber se todos têm a mesma sorte que tive, ou seja, de estar aqui, mesmo sem acreditar.

Victor o convida a se sentar em um banco do jardim e diz:

— Caro amigo, vou lhe responder. As pessoas, quando estão na carne, têm um compromisso com o Plano Espiritual, que é o de praticar o bem sem olhar a quem, praticar a caridade, amar o próximo e amar a Deus sobre todas as coisas. O entendimento doutrinário sobre o Plano Espiritual está à disposição de todo ser humano, sendo que uns aceitam, e, outros, têm dúvidas, há os que não querem nem ouvir, mas o que importa realmente é se cumpriu o compromisso que assumiu quando retornou à esfera material terrena. E você cumpriu, Joaquim. Mesmo sendo incrédulo a respeito da Espiritualidade, você cumpriu a maior parte da tarefa que lhe foi destinada.

— Fico feliz em ouvir isso, doutor. Fiz tudo que pude para ajudar muita gente. Mas o que ainda me intriga é o seguinte: e se não cumprirmos o compromisso ou, o que é pior, se cometermos faltas e danos ao próximo, teremos o perdão do Senhor? Para onde iremos se assim agirmos?

Victor sorri e continua:

— Bem sei de quem você está falando, e vou lhe responder. Se assim agirmos, sem a sensibilidade do que o nosso íntimo nos sugere, é provável que estejamos entre irmãos de mesma sintonia e, dessa forma, estamos sujeitos a sofrer as consequências dos próprios erros. De qualquer forma, posso lhe assegurar que nada é eterno, nada é para sempre, bastando que nos entreguemos ao Senhor de todo o nosso coração. Quando isso acontece, temos a chance de nos recuperarmos, passando por tratamentos e aprendizados até a conquista de uma nova fase e, caso não consigamos sucesso deste lado, seremos enviados novamente à carne para expiarmos nossos erros e, assim, resgatarmos a nossa dignidade e podermos gozar das graças de Deus, nosso Pai.

Mas também há aquele que se recusa a ser ajudado. Em sua estupidez e arrogância, deixa-se levar pelas trevas e, cada vez mais, afunda-se no lamaçal que ele mesmo criou para si. Esse é o inferno de que tanto se fala entre os homens, um inferno que se instala na sua consciência e nos seus temores. Trazemos conosco todo o bem que praticamos, mas trazemos também todo o mal que fez parte da nossa vida na Terra. Por isso, a importância da vigilância dos atos e pensamentos; quando se tem Deus como Criador e Jesus como Mestre, nada irá nos ocorrer para atrasar o nosso desenvolvimento.

O livre-arbítrio é único para cada ser humano, e a cada um cabe guiar o seu destino, para cima ou para baixo, arcando com as dores e as provas que lhe cabem.

E lhe digo mais, meu amigo. Se todos ouvissem dez por cento da sua voz interior, muita dor poderia ser evitada. Mas, infelizmente, ainda teremos muitos irmãos a se perderem nos turbilhões que envolvem a esfera toda. A ganância, braço maior do egoísmo, é o primeiro lugar no rol dos piores pecados que a humanidade vive. E o egoísmo é fruto da falta de caridade. São poucos os que auxiliam o próximo sem que obtenham algo em seu próprio benefício, nem que seja apenas para alimentar a própria vaidade. E assim, cada vez mais, irmãos se perdem.

Seu Joaquim se encontra boquiaberto com as explicações de Victor e lhe pergunta:

– Doutor Victor, como o senhor deve ser feliz! Há quanto tempo trabalha na recuperação de Espíritos como eu?

– Espíritos como você, Joaquim? Você é um dos nossos, apenas ainda não se recuperou do seu trauma, e logo irá entender melhor. E quanto ao tempo em que trabalho aqui, você vai ficar surpreso quando souber. Estou aqui há pouco tempo, meu amigo. Vim de uma prova carnal faz dois anos. Encontrava-me na carne para auxiliar na recuperação de uns amigos queridos que precisavam de ajuda. Não era médico, se é isso que quer saber. Era um simples trabalhador comum, que precisou estar lá para passar pela prova que necessitava. Consegui salvar alguns amigos de serem tragados pelo infortúnio, devido à ganância, como já lhe disse. Eles haviam se esquecido do propósito que assumiram, então, fui à família de um deles como filho e os trouxe de volta à realidade, deixando o plano carnal bem cedo. Mas deixei uma lição, pela qual eles irão se lembrar por muito tempo e, com certeza, retornarão ao caminho do bem. Agora estão bem, graças a Deus. Mas pode crer, consegui esse intento com o auxílio imprescindível de outros irmãos aqui deste plano. Sozinho, nada teria conseguido.

Joaquim, mais uma vez, encontra-se de queixo caído.

– A cada revelação, fico mais admirado. Quer dizer então que, se quiser ir ajudar meus filhos, eu posso?

– Isso já é outra história – responde Victor. – Ainda terá de esperar, pois tudo tem sua hora certa, meu amigo. Você irá compreender.

E, dizendo isso, abraça-o e o leva para o seu quarto.

※※※

Já na crosta terrestre, as coisas não estão bem na família de seu Joaquim. Laura está se preparando para o julgamento, que já foi marcado, e Berto está cada vez pior. O Delegado Geraldo já avisara Dalton da condição de seu irmão, além de dizer que, se ele quiser, poderá prender Berto para afastá-lo das companhias e das drogas, mas Dalton se recusa e diz que vai tentar convencer o irmão a se tratar.

Chegando em casa certa noite, depara-se com o irmão caído no jardim, todo sujo, ao lado da moto. Parece que andara brigando. Então, levanta-o e diz:

— Berto, vou ajudá-lo, certo? Mas me diga: o que houve? Andou brigando?

Berto, meio que balbuciando umas palavras, responde:

— Deixe-me em paz, você não tem nada com a minha vida!

Ainda empurra Dalton, mas está zonzo e cai novamente. Dalton o carrega para dentro, coloca-o no sofá da sala, e logo Cecília corre para verificar o que está acontecendo.

— O que houve, meu filho?! O que fizeram a você?! Está todo sujo e ferido! Meu Deus, o que aconteceu?!

Mas é Dalton quem responde:

— Ele estava caído no jardim, mas não está em condições de falar agora, mamãe! Vou levá-lo para o quarto e dar-lhe um banho frio. Faça um café forte para ele e outro para a senhora.

Cecília corre para a cozinha, e Dalton o carrega,

esperneando, para o quarto. Berto não quer a ajuda do irmão, mas, mesmo assim, ele tira sua roupa e o coloca no chuveiro frio. Berto se estremece, dizendo coisas desconexas. Fala de um rapaz que não queria lhe dar alguma coisa, e talvez seja esse o motivo da briga. Confessa que já não tem mais dinheiro, e isso o está deixando à mercê de agiotas e traficantes. E Dalton, enquanto vê o irmão ali, todo trêmulo e gaguejando, fica com o coração apertado e chora, pedindo a Deus misericórdia para aquela alma em decadência.

— Senhor de misericórdia, olhe por este meu irmão! Tenha piedade de seus erros! Ele é um pequeno aprendiz de seus benefícios, Senhor. Sua bondade é infinita, meu pai, tenha misericórdia.

Enquanto isso, Cecília chega com o café e pergunta:

— Como ele está, Dalton?

Dalton o deixa no banheiro e diz à mãe que ele está melhor.

— Deixe o café aí, que vou fazer com que ele beba e, depois, irei falar com a senhora, está bem?

Cecília sai cabisbaixa, deixando os dois filhos se entenderem. Depois de alguns minutos, Berto está mais desperto, sai do banho meio cambaleando e cai na cama. Dalton tenta fazer com que beba o café, mas em vão, pois ele adormece como se estivesse anestesiado. Dalton lhe aplica um passe magnético sobre a fronte e pede ajuda ao Plano Espiritual para que consiga direcionar essa alma no caminho do bem. Depois, desce e vai falar com a mãe, que o espera ansiosa.

– E, então, meu filho, como ele está?

– Dormindo, mamãe! Mas vou lhe dizer uma coisa: lembra quando lhe disse que Berto poderia estar se envolvendo com gente da pesada, e que poderia estar se drogando? Pois é, mãe, a situação não é nada boa. Descobri que ele já está envolvido até os cabelos nesse mundo de perdição, e até com agiota já está envolvido!

Cecília se desespera e diz:

– Meu Deus do Céu! E agora, Dalton, o que vamos fazer?

– Tranquilize-se, mamãe, pois desespero não vai ajudar agora. Temos de fazer com que ele aceite ajuda médica e interná-lo numa clínica de recuperação de dependentes do álcool e de drogas. Não sei se vai resolver, mas é a única alternativa no momento.

Cecília chora e se abraça ao filho, dizendo:

— Graças a Deus, tenho você, filho! O que seria de mim sozinha? Que falta que Joaquim me faz!

Dalton a abraça.

— Tenha fé, mamãe. Tenha fé em Deus, que tudo vai dar certo!

Amanhece o dia, e Berto não se levanta para o desjejum. Então, Dalton vai até seu quarto, entra e vê o irmão debilitado, dormindo. E resolve chamá-lo:

— Berto, Berto, acorde. Precisamos conversar, meu irmão.

O rapaz abre os olhos devagar e tenta se levantar, mas não consegue.

— Como vim parar aqui em meu quarto? Não me recordo de nada... Apenas que entrei em casa e nada mais.

Dalton o ajuda a se levantar e lhe explica:

— Você estava caído, inconsciente, no jardim. O que houve, meu irmão? Pareceu-me que esteve em alguma confusão, principalmente pelo estado em que se encontrava, todo sujo e com uns arranhões no corpo.

Berto tenta se lembrar, mas em vão.

— Não sei o que aconteceu, mas não se preocupe, pois estou bem agora. Pode ir que já estou bem!

Dalton, muito calmo, lhe diz:

– Berto, você precisa de ajuda médica, e urgente, senão não sei o que será de você! A mamãe está aflita com seus atos. Será que não pensa nem um pouquinho nela? O papai já partiu devido a tanto desgosto que você e Laura lhe aprontaram, e agora quer acabar com a nossa mãe também?

Berto desata a chorar, soluça e desabafa:

– Claro que não quero isso. Só você mesmo para pensar assim. Se faço o que faço é por conta própria e não quero que ninguém se preocupe comigo, principalmente você. Quanto a ir ao médico, pode esquecer. Não estou doente, só quero ficar em paz! Por favor, saia do meu quarto. Já deu o seu recado, agora pode ir.

Dalton sabe que não adiantará nada tentar convencê-lo agora, e sai, deixando o irmão ali, pálido e sem forças, e vai falar com a mãe:

– A senhora precisa falar com ele, e de um modo que não o faça fazer justamente o contrário. Peça-lhe para que fale o que o aflige tanto, que o fez procurar esse caminho do mal. Pergunte-lhe o que está lhe faltando? Depois, diga-me, que vamos tentar entendê-lo!

Cecília diz que fará o que lhe pede e se despede de Dalton, que sai para o trabalho.

Laura está tão depressiva, que nem sequer ouviu nada e, quando desce, é só para comer alguma coisa. Não fala com a mãe, que, triste, tenta fazê-la alimentar-se direito.

Está marcada a audiência de seu julgamento sobre o caso do desvio de dinheiro: será naquela semana. Sua amiga Martha está aflita, pois Laura não a recebe mais, e só fica sabendo das notícias através da advogada que acompanha o caso.

E é chegada a hora de Laura defrontar-se com o juiz. Está nervosa e apreensiva. Sua advogada já a orientara sobre tudo o que deverá falar.

22

TODOS SE ENCONTRAM NA SALA DE AUDIÊNCIA, E O advogado de acusação inicia a sua fala dizendo que Laura deverá ser punida pelo ato que cometeu, que foi tudo premeditado e que envolveu gente que não tinha nada a ver com os seus devaneios.

Em seguida, sua advogada inicia a defesa, dizendo que Laura não queria fazer mal a ninguém, que foi um ato impensado, movido pelo ciúme do pai em relação ao irmão mais velho, e que só queria lhe dar uma lição.

O julgamento se estende por várias horas, até que é dado o veredicto, o que deixa Laura em pânico.

"Será condenada a oito anos de prisão em regime aberto, por se tratar de ré primária. Terá de prestar serviços comunitários três vezes por semana e solicitar, à Justiça, permissão para qualquer saída da cidade."

Todos se levantam, e Laura chora. Sua advogada a acompanha para fora do recinto e tenta consolá-la:

– Melhor assim, Laura, pois você só terá que, periodicamente, vir ao fórum para comprovar que está presente aqui na cidade. Quanto ao serviço comunitário, será definido pela juíza e, quando for determinado, eu a aviso.

Laura nada responde e vai embora. Parte com seu carro sem rumo certo, até que para em um bar longe do centro da cidade. Totalmente deprimida com a situação, à beira de um colapso nervoso, entra no bar, senta-se em uma cadeira e pede para que o atendente lhe traga uma bebida forte. Ele a atende e traz uma garrafa de uísque, que Laura, pedindo-lhe agora para deixá-la sobre a mesa, começa a beber sem parar. Suas lágrimas não querem cessar de rolar em seu rosto. O atendente, vendo-a daquela maneira, tenta saber se ela está bem, mas é logo expulso de sua presença.

Toma pouco mais de meia garrafa. Suas ideias agora estão desconexas, paga sua conta e sai cambaleando, pois não está acostumada a beber assim.

Caminha até seu carro, sendo seguida por um homem que a tudo observava, e que lhe diz:

– O que uma linda mulher como você está fazendo aqui, bebendo?

– Não é da sua conta – responde ela, rispidamente.

Mas ele insiste:

– Você não pode sair dirigindo assim, dessa maneira... Vai se acidentar... Deixe-me ajudá-la, por favor!

Laura o olha da cabeça aos pés. Era um homem de seus quarenta e poucos anos, bem-vestido e muito charmoso, e então responde:

– Quem é você? Eu o conheço?

– Não – diz ele –, mas pode me conhecer se quiser. Meu nome é Mauro, e o seu?

– Laura – responde.

– Muito prazer. Posso ajudá-la, agora que já nos conhecemos?

Laura concorda, até porque, naquela situação em que se encontra, julga que nada de pior poderia lhe acontecer. Então, o homem abre a porta do carro para Laura entrar e toma a direção do veículo, perguntando-lhe:

– Para onde você vai?

– Não sei... Para qualquer lugar do mundo onde não exista a intervenção da família ou de qualquer outra pessoa!

Mauro a olha e vê que se trata de uma jovem de família rica, afinal, está bem vestida, com um belo carro.

"É agora que vou me sair muito bem! Vou levar esta otária para um lugar que não vai mais esquecer!"

E começa a dirigir por uma estrada. Segue por vários quilômetros até chegar a um vilarejo, onde entra em uma chácara no meio do mato, pois ali só havia terras plantadas e muitas árvores. E, então, diz a Laura:

– Você quer sossego, não é mesmo? Vou lhe mostrar minha casa, e não se preocupe, logo irá se sentir melhor, e então a levarei de volta, está bem?

Laura está com a cabeça girando, seu estômago está às voltas com a bebida de pouca qualidade que ingerira. Não está com sua razão integral e nada diz, apenas o acompanha.

– Fique à vontade – diz o homem. – Vou preparar uma bebida para nós.

Laura senta-se em um sofá todo rasgado, cheirando a cachorro. Na verdade, aquilo mais parecia um canil, o cheiro não era nada agradável, e ela pergunta:

— Você não tinha nada melhor para me oferecer?

Mauro volta com dois copos de cerveja.

— Por hora, não. É aqui que moro, eu e meu cachorro, quer conhecê-lo?

— Não! — responde a moça — Odeio cachorros.

— Está bem, mas vamos brindar o nosso encontro?

Dá um copo a Laura, e brindam, e, depois, oferece outro e mais outro, até que ela não resiste a tanto álcool e cai dormente naquele sofá malcheiroso.

Enquanto isso, Mauro se aproveita da garota da forma que deseja e sai dali levando seu carro, sua bolsa, suas joias e tudo o que lhe pertence, deixando-a nua e inconsciente naquele lugar que mais parece um depósito velho, onde dormem cães e gatos.

Amanhece o dia, e Cecília vai até o quarto dos filhos. Berto estava dormindo, e, quando entra no quarto de Laura, vê que a filha não dormiu em casa. Corre, aflita, contar para Dalton, pois a filha nunca ficara fora a noite toda. O que será que lhe aconteceu?

Dalton, por sua vez, tenta acalmar a mãe:

– Ontem foi a audiência dela, e, como a senhora sabe, foi condenada a oito anos de regime aberto. Talvez tenha ido dormir na casa da amiga, pois deve ter ficado com vergonha de voltar para casa.

– Deus lhe ouça, meu filho, Deus lhe ouça!

Dalton diz que vai procurar saber se Laura está na casa de Martha, a única amiga que tem. Mas logo fica sabendo que Laura não dormiu lá. Apreensivo, vai até a delegacia falar com seu amigo Delegado e lhe conta que Laura está desaparecida.

– Penso que não deva se preocupar. Sua irmã é maior de idade e, com certeza, sabe se cuidar. Talvez tenha ficado abalada com a sentença e resolveu sair um pouco de cena, mas, se continuar sem notícias, telefone-me, que tomarei as devidas providências. Porém fique tranquilo. Logo ela irá aparecer.

Dalton está com o coração apertado. De alguma forma, sabe que algo deve ter acontecido à irmã, sua consciência está lhe avisando. Mas não sabe por onde iniciar a busca. Vai à casa de todas as pessoas que Laura conhece e nada; só a viram no fórum e, depois, ninguém mais a viu.

Enquanto isso, Laura está acordando e não sabe bem onde está. Parecia-lhe estar tendo um pesadelo, e, quando abre os olhos, vê que está nua e em um lugar estranho. Tenta se levantar, mas está zonza e com a cabeça doendo, e só, neste instante, começa a ver a realidade do acontecido. Recorda-se, então, de ter saído com um homem de nome Mauro, e nada mais. Chama por ele, sai à procura de suas roupas e encontra somente uma velha camisa, que nem sabe a quem pertence, mas é o único traje que pode vestir no momento. Abre a porta e só vê mato, uma pequena estrada de terra, e começa a gritar por socorro:

– Alguém aí, pelo amor de Deus, ajude-me! Socorro!

Os cães, que por lá viviam, começam a latir, atraindo um lavrador até a casa onde Laura se encontra. Quando a vê, pergunta-lhe:

– Está ferida, moça? Por que essa gritaria? O que aconteceu?

Laura está tremula, só de camisa, toda despenteada, e diz ao rapaz:

– Graças a Deus, você me ouviu. Preciso de ajuda para voltar para casa! Fui roubada, moço, e não sei por quem... Só me lembro de que conheci um rapaz de nome Mauro, e ele me disse que morava aqui, mas, quando acordei, verifiquei que ele levou meu carro, minhas roupas e todos os meus pertences! E agora, o que faço, moço?! Por favor, ajude-me! – e chora.

O rapaz, meio rude, não sabe o que fazer e lhe revela:

– Moça, aqui não mora ninguém faz tempo. O último que aqui morou foi um ladrão, que roubou tudo aqui na região. Estava preso, será que foi ele? Mas o nome dele era Zé do Bote, pois parecia uma cobra para assaltar os outros.

Laura se apavora.

"Meu Deus, o que foi que fiz? E se esse homem for o mesmo? O que será que fez comigo? Estava alcoolizada demais para me defender." – E pergunta ao rapaz: – Moço, como faço para avisar a minha família? Eles virão me buscar, ajude-me, moço!

O rapaz, meio sem jeito, diz:

– Sabe, moça, aqui não tem telefone, e a vila mais próxima fica a uns dez quilômetros mais ou menos, e eu só tenho uma charrete. Se a moça quiser, mais tarde posso ir até a vila e mando avisar a sua família. Mas, agora, tenho de terminar o meu trabalho. A senhora não está ferida, está?

– Não, mas, por favor, você não pode ir agora? Olhe, vou lhe recompensar muito bem. É só minha mãe vir me buscar. Não sei onde estou, e só você pode explicar a eles. Por favor, eu lhe peço, imploro-lhe!

O rapaz fica comovido e pergunta:

– Como é o seu nome, moça?

– Laura, e o seu?

– O meu é Daniel, e sou empregado do dono disto tudo aqui. Vou ajudá-la, mas antes preciso acabar o que estou fazendo. Não vai demorar quase nada. Daí, apronto a charrete e a levo na vila, está bem?

Laura se aflige e pergunta:

– Estou sem roupas... Será que pode me emprestar alguma coisa?

– Claro. Vou ver se minha mãe tem alguma coisa para você e, depois, volto, está bem?

E sai, deixando Laura em aflição, com o pânico tomando conta de sua mente.

– Meu Deus, o que fiz? Esse canalha se aproveitou de minha embriaguez, e se eu engravidar? Ou se tiver alguma doença?! Meu Deus, ajude-me!

O desespero se apodera de Laura. Fica se perguntando se o rapaz voltaria mesmo. Afinal de contas, ele não a conhecia e não tinha nenhuma obrigação de ajudá-la. E chora copiosamente, até que Daniel volta.

    E é assim que, por falta de estrutura emocional e espiritual, deixamo-nos envolver com criaturas do mal, tanto física como espiritualmente, e a nossa prepotência existente aqui na Terra é a mesma da do plano espiritual, ou seja, se baixamos nossa guarda, entramos em sintonia com o mal. É assim que aprendemos sobre a necessidade de nos vigiarmos sempre. Os Espíritos inferiores se aproveitam de nós quando nos entregamos à nossa fraqueza e aos nossos desejos de prejudicar o outro. Mas, assim como nós, esses Espíritos também não sabem, que o mesmo veneno que lançamos ao outro é o que nos mata também.

23

POR PERTO DAS DEZESSETE HORAS, LÁ ESTÁ DANIEL com sua velha charrete. Ao entrar na casa, vê Laura toda encolhida em um velho sofá, mais parecendo um bichinho acuado, então, penalizado pela situação, desculpa-se:

– Desculpe a demora, moça, é que eu estava plantando e não podia parar, mas cá estou, e lhe trouxe umas roupas. São velhas, mas estão limpas, e também trouxe algo para você comer.

E lhe dá um pedaço de bolo, que Laura come com as mãos trêmulas, dizendo:

– Obrigada, Daniel, não sei o que seria de mim se você não estivesse aqui perto. Aonde eu iria assim, seminua? Iriam achar que sou louca! Obrigada, mesmo! Você pode esperar que vou lhe recompensar.

– Não precisa, não, moça. Vou levá-la até a vila, de coração mesmo, não se preocupe.

Laura veste o vestido velho da mãe de Daniel, que fica bem grande nela, mas nem se importa, agradece por estar vestida.

– Podemos ir antes que escureça. Minha família deve estar aflita.

E partem rumo à vila, próxima dali. Vão em silêncio, até que Daniel lhe pergunta:

– Você me parece moça rica, é bonita, e fala bem. Como veio parar aqui neste fim de mundo?

– É melhor você nem saber, pois vai me achar uma doida, sem juízo – responde Laura.

– Quem sou eu para julgar os outros? Sou um pobre lavrador que vive da terra e do pouco salário que ganha, e ainda tenho minha mãe para cuidar. Você sabe o que faz, não é mesmo? E se o fez foi porque quis, se ninguém a forçou, então as consequências são só suas.

Laura se espanta com as palavras do rapaz... Um simples e humilde lavrador com uma sabedoria inigualável.

– Você tem razão, toda a razão, Daniel – diz Laura, porém, logo se cala, até chegarem à vila. Daniel, então, a leva a uma farmácia pequena, mas a única que possuía telefone comunitário, e pergunta:

– Quer que eu ligue para a sua família?

– Não, eu mesma ligo, mas, por favor, espere-me, está bem?

– Sim. Pode falar com calma, que não sairei daqui até virem buscá-la.

E Laura vai até o telefone, liga para casa e é sua mãe quem atende, em prantos:

– Onde você está, minha filha? O que lhe aconteceu? Você está bem? Está ferida?

– Não, mamãe, estou bem, e depois conversaremos. Somente peça ao Berto para vir aqui me buscar.

E, auxiliada por Daniel, explica-lhe, passando pontos de referência de como chegar até a vila.

– Já anotei tudo, filha, mas Berto não está em casa. Vou pedir para o Dalton.

– Não, mamãe, por favor, peça para qualquer um vir, menos ele, está bem?

– Bem, vou ver o que posso fazer, mas não saia daí.

Cecília liga para Dalton e relata-lhe o acontecido. O rapaz nem espera a mãe dizer que Laura não quer que ele vá buscá-la e sai correndo atrás da irmã. Quando chega ao local, Laura está sentada em um banco na praça, ao lado de Daniel. Ele corre ao seu encontro e pergunta-lhe:

– O que aconteceu, Laura? Como veio parar aqui? E esse rapaz, quem é?

Laura somente responde:

– Este é Daniel, que me ajudou a chegar até aqui, e, quanto ao que me aconteceu, depois conversaremos. Se tenho de ir com você, que seja rápido.

Dalton agradece a Daniel e diz a ele que depois voltará para se inteirar do ocorrido, pois, com certeza, a irmã não vai lhes contar nada.

Daniel, com seu jeito simples, lhe diz:

– Fiz o que pude, moço, mas não tenho nada com isso. Somente a ajudei a chegar aqui na vila, e lhe dei o endereço do sítio onde moro.

Despedem-se rapidamente, pois Laura já está dentro do carro do irmão.

No caminho, Dalton tenta convencer Laura a falar, mas em vão. Quando chegam em casa, e a mãe a vê vestida daquele jeito, fica aflita:

– O que houve, filha? O que lhe fizeram? E o seu carro?

– Por favor, mamãe, depois, está bem? Agora só quero tomar um bom banho – e corre para o seu quarto.

Dalton diz à mãe que ela estava em uma vila, próxima da cidade, e que o rapaz que a ajudou não deu muitas explicações, mas que irá voltar lá para saber detalhes, deixando Cecília mais calma.

Enquanto isso, Laura corre ao chuveiro e tenta se limpar do acontecido, esfrega-se com muito vigor e pensa: "Ai, meu Deus, o que foi que fiz? E agora? E se aquele idiota tiver alguma doença? Pior ainda se me engravidou... O que será de mim?!".

Fica horas debaixo do chuveiro, como se isso pudesse livrá-la de uma possível desgraça. Começa, então, a se dar conta de que, se achava que a sentença que tomara no fórum a abalara, se achava que aquilo era humilhação demais, agora percebia que o que a esperava poderia ser muito pior. E, pela primeira vez, pede ajuda a Deus, para que nada lhe aconteça:

"Meu Deus, perdoe-me se nunca me interessei por nenhuma religião, mas hoje estou desesperada e Lhe peço que me ajude, que nada de mal me aconteça."

Dalton está preocupadíssimo com a irmã e vai com a namorada ao Centro Espírita, a fim de pedir ajuda ao Plano Espiritual. Ficam orando por um bom tempo, em silêncio, até que Nelson os chama para conversar:

— Dalton, meu jovem amigo, você precisa começar a trabalhar para poder entender melhor o que está acontecendo com você e com sua família.

Dalton fica confuso e pergunta:

— Mas, senhor Nelson, ainda estou aprendendo...

— Nas quartas-feiras, temos trabalho de desenvolvimento mediúnico, e gostaria que viesse sem falta! Vamos trabalhar nesse seu problema, pelo menos solicitar o auxílio necessário, deixando a cargo dos Espíritos o tipo de ajuda. Tudo bem?

Dalton está fragilizado, mas concorda.

— Está bem. Miriam poderá vir também?

— Claro, ela será de grande valia.

— Eu virei, sim — diz Miriam —, quer dizer, nós viremos sem falta!

No plano espiritual, seu Joaquim continua maravilhado com tudo o que viu e aprendeu. Então, Victor o chama para conversar.

— Joaquim, agora já está preparado para saber

o que fazia no plano físico, pois sua família, nesse momento, está passando por grande turbulência e, quando entender melhor, poderá ajudá-los.

Joaquim fica apreensivo e pergunta:

– O que está acontecendo, doutor? Posso saber?

– Irá saber em breve. Agora, terá de tomar consciência de quem são os seus familiares e do porquê de terem estado juntos. Sente-se, Joaquim.

Joaquim senta-se e declara:

– Estou pronto, doutor! Vamos lá. Diga-me, seja lá o que for!

Victor começa, então, a relatar sua jornada terrena:

– Antes de mais nada, Joaquim, devo lhe dizer que você era um grande trabalhador aqui no Plano Espiritual. Colaborava em tudo, sempre disposto a qualquer trabalho para ajudar os irmãos que aqui chegavam, geralmente, em más condições. Até que, hoje, a que é sua filha Laura, na época, estava no umbral, em estado lastimável devido à sua dureza de coração e ignorante aos entendimentos sagrados, pediu-lhe ajuda. Ela fora, em outra experiência, sua esposa, e tiveram um filho muito rebelde, que agora é seu filho Humberto, irmão de Laura. Os dois estavam definhando nas trevas, com as suas transgressões adquiridas na carne.

Joaquim se espanta:

— Mas como, doutor? Pode me explicar mais detalhadamente?

— Laura era uma mulher muito bonita e sensual, e não tinha caráter algum, por mais que você tentasse ajudá-la a mudar. Ela já havia praticado tantos atos insanos, que você partiu muito cedo da experiência física, deixando-a, e ao filho, em situação deplorável. Você sofreu bastante também, mas logo começou seu trabalho, ajudando-os a fim de que se recuperassem, até que Laura, vítima de um câncer, veio a desencarnar, e o filho, que ficara só, acabou por tornar-se um delinquente, desencarnando na cadeia. E, por mais que você tivesse se dedicado a salvá-los, foram os dois arrebatados pelas trevas, até que, por obra e graça do Senhor, você conseguiu uma nova experiência na carne, com a mesma família, para poder recuperá-los.

Joaquim encontra-se boquiaberto e interroga-o:

— E Dalton e Cecília?

— Dalton, meu amigo, sempre foi um grande companheiro seu, e o acompanhou para dar continuidade ao seu trabalho, pois sabia que você viria para cá muito antes de tudo se ajeitar. Cecília, por sua vez, foi mãe dele numa outra experiência e estava disposta a ajudar a recuperar a família.

— Mas por que eu não fiquei lá para ajudar?

— Você vai ajudar daqui, e este será seu trabalho daqui para a frente. Seu filho Dalton está no comando agora e vai precisar de você do lado de cá, e irão se encontrar várias vezes, pois Dalton é portador de uma notável capacidade de desdobramento e, toda vez que precisar de você, ele o encontrará, e poderão, os dois, trabalhar em prol da recuperação de Laura e de Berto, que, por sinal, já estão experimentando o gosto amargo da inconsequência.

Joaquim fica pasmo e, ao mesmo tempo, aflito:

— Pelo amor a Jesus, meu amigo, faça com que eu comece a ajudá-los o mais rapidamente possível!

— Tenha calma, pois tudo tem a sua hora, e eles terão de passar por algumas dificuldades ainda, a fim de poderem reparar os erros e conquistarem nova oportunidade. Mas terão que fazer tudo isso com o coração aberto e sem se revoltarem com as dores, para não perderem os frutos. É aí que você e Dalton entram na história.

Joaquim se põe a chorar.

— Pobre filha, pobre filho, o que será deles se não conseguirem?

Victor o abraça e o conforta:

— Se o Senhor, nosso Pai, permitir, e vai nos permitir, eles conseguirão, meu amigo. A misericórdia eterna é tão grande que, se soubéssemos antes, jamais teríamos praticado qualquer ato contra Seus desígnios!

— Eu o agradeço, doutor Victor, e agradeço, em primeiro lugar, ao nosso Criador, pela oportunidade de redimir os erros da minha família.

E os dois ficam conversando e preparando o projeto de uma visita à crosta terrestre, no auxílio à Laura e Humberto.

24

Na casa de Laura, está uma confusão. Cecília tenta saber o que aconteceu, mas a moça se nega a contar, dizendo que se encontra muito abalada e que não quer falar sobre o acontecido. Então, Cecília chama sua amiga Martha para falar com ela.

– Martha, por favor, venha até aqui me auxiliar. Sua amiga Laura está em frangalhos, e não sabemos ao certo o que houve, mas ela se nega a nos contar. Talvez a você ela conte. Por favor, Martha, ajude-nos.

A moça promete que irá vê-la, mas não pode garantir nada, dizendo que Laura ultimamente anda muito esquisita, o que deixa Cecília mais apavorada ainda.

Quando Martha chega, Cecília a leva até o quarto da filha.

– Laura, olhe quem está aqui! Sua melhor amiga!

Laura mal abre os olhos e exclama:

– Não quero falar com ninguém! Já lhe disse!

Mas Martha entra assim mesmo e dá um sinal para que Cecília as deixe a sós. A mãe fecha a porta, rezando para que a jovem consiga fazer com que Laura se abra, para, assim, poder ajudá-la.

Martha senta-se ao pé da cama e diz:

– Minha amiga, o que aconteceu para que você ficasse assim?

Laura começa a chorar e a soluçar.

– Tudo de ruim! Estou apavorada, muito apavorada mesmo!

E relata à amiga o que lhe ocorreu. Martha fica perplexa:

– Minha nossa senhora, e agora?! Mas não se precipite no desespero, você tem que manter a cabeça fria e ter muita fé, minha amiga. Vamos procurar um médico, e ele vai orientá-la melhor. O que acha?

– Não vai adiantar nada. Se fui infectada, não saberemos agora, não é mesmo? Mas tem de me prometer que não vai contar isso para minha mãe, mesmo porque, ela nada pode fazer, e deixá-la aterrorizada só vai piorar as coisas.

– Você tem razão, Laura, mesmo porque, eles vão ficar sabendo, mais cedo ou mais tarde. Mas não se preocupe, vou acalmar sua mãe. Quanto a Dalton, não sei não, ele vai investigar, se bem o conheço.

– Eu sei disso, mas não me preocupo com ele. O que também está me preocupando muito é Berto... Ele anda estranho, não fala mais comigo... Éramos tão amigos, e, agora, parece que virei inimiga mortal. Não está estudando nem trabalhando, fica até de madrugada na rua, todos os dias. O que será que anda fazendo? Sinto um nó no peito e percebo que essa história também não vai acabar bem. Que falta o papai está fazendo... Sabe, Martha, fui uma idiota mimada. Fiz meu pai sofrer e sei que o infarto que teve foi decorrente da decepção que causei a ele – e recomeça a soluçar.

Martha, vendo Laura naquela tristeza, diz:

– Não se culpe, Laura, agora tem de pensar em você em primeiro lugar; sempre é tempo de mudar os hábitos e os comportamentos. Prepare-se, minha amiga, pois você tem ainda sua pena para cumprir. Terá de fazer serviços comunitários uma vez por semana, senão a sua situação vai ficar mais caótica ainda!

— Tinha até me esquecido disso. Quando pensei que isso seria o fim, veio uma prova maior ainda. O que faço agora, Martha?

— Só resta rezar, minha amiga. Só rezar, para que o pior não aconteça.

Enquanto isso, Cecília tenta se acalmar e, quando Martha desce do quarto de Laura, corre ao seu encontro, perguntando-lhe:

— Diga-me, Martha, ela se abriu com você?

Só resta a Martha tentar acalmar Cecília.

— Pode ficar tranquila. Ela só está desesperada com a sentença, mas logo isso vai passar, a senhora vai ver. Os serviços comunitários não são assim tão ruins. Quem sabe Laura se reencontre numa dessas tarefas de ajuda, não é?

— Deus a ouça, minha filha. Deus a ouça.

De qualquer forma, Martha sai, deixando Cecília pensativa.

"Tenho certeza de que não é só por isso que Laura está assim. Deve haver mais coisa séria acontecendo...".

Berto, por sua vez, passou o dia dormindo e, quando se levantou, não falou com ninguém. Na verdade, nem com a mãe fala mais. Cecília tenta lhe dizer que Laura não está bem, mas ele nem se interessa em tomar ciência dos fatos, e vai saindo, deixando-a aflita.

– Aonde você vai toda noite, meu filho? O que está fazendo com sua vida, com sua saúde? Você é um jovem saudável, mas nada é para sempre, e tem de se cuidar, Berto!

Berto olha para a mãe com desprezo e diz:

– Deixe-me em paz, mamãe. A vida e a saúde são minhas, ninguém tem nada com isso! E faço o que eu quiser com elas, está bem?! – e sai.

Cecília chora, inconsolável.

"Ah, Joaquim, por que me deixou sozinha, com todos esses problemas? Que falta você faz, meu marido."

Passa uma semana do acontecido com Laura. Dalton vai até o sítio onde Daniel mora, mas o que fica sabendo é o que a irmã lhe contou. O rapaz não viu quem a trouxera ali, só tinha suspeitas, mas nenhuma certeza! Dalton fica muito preocupado, mas não conta nada para a mãe. Respeita a irmã, e quer que ela conte.

Procura, então, pelo amigo Geraldo e relata o roubo do carro de Laura, pedindo-lhe sigilo nas investigações, pois já teve escândalos demais em sua casa.

Enfim, chega a quarta-feira, e lá estão Dalton e Miriam, a postos. Começa o trabalho mediúnico, e Dalton se encontra um pouco nervoso. Por enquanto, só aprendera na teoria, agora seria para valer, mas era determinado e nada o faria recuar neste momento!

Nelson inicia o trabalho, e todos os presentes emitem vibrações para que o rapaz se saia bem no desenvolvimento da mediunidade. Então, Dalton se concentra e, aos poucos, começa a sentir uma leve dormência em seu corpo. Uma sensação estranha, mas ao mesmo tempo maravilhosa, de paz, o invade e sente como se estivesse flutuando. Fica meio confuso, mas os trabalhadores do Plano Espiritual estão todos ali para auxiliá-lo, e, lentamente, Dalton começa a se ver fora do corpo físico. Angustia-se um pouco, mas é logo auxiliado por Odair, seu guia. Quando o reconhece, Dalton exclama:

– Como isso é possível? Não estou sonhando, e me vejo, quero dizer, vejo o meu corpo sentado ali, entre os trabalhadores do centro...

– Acalme-se, meu jovem. Isto é um tipo de faculdade, que se chama desdobramento espiritual, e da qual você é portador, e este será o seu trabalho. Hoje, você só está testando esse seu dom, mas logo virá nos ajudar no auxílio a sua família, e seu pai também irá se juntar a nós.

Dalton sorri feliz ao ouvir falar em seu pai.

– Onde ele se encontra agora? Está bem?

– Sim – responde diz Odair –, está muito bem, e, se Deus permitir, logo seremos uma equipe, para trabalharmos em prol de sua família e de muitas famílias necessitadas.

Dalton o abraça e lhe promete:

– Pode contar comigo sempre.

– Como sempre contamos, meu dileto amigo – diz Odair, e se despedem, com a certeza de que este seria o primeiro de muitos encontros que ainda viriam.

Dalton vai recobrando a consciência e, de volta ao corpo físico, relata com detalhes o ocorrido, deixando Nelson, Miriam e os demais muito felizes!

Seu Joaquim fica sabendo da evolução de seu filho e também se sente feliz, pois sente que está bem próximo o seu encontro com ele. Mas sabe que terá de esperar, pois tudo ali tem hora certa para acontecer.

Enquanto espera, fica vibrando muito para que tudo se resolva da melhor forma possível.

Após uma quinzena do acontecido, Laura começa a se preocupar com o fato de sua menstruação não ter vindo no dia adequado, de acordo com o controle que fazia, e seu problema agora era real. Liga para Martha, que rapidamente marca a consulta médica e dirige-se até a casa da amiga.

– Está marcado para amanhã, Laura. Se quiser, irei com você.

A moça está apavorada.

– Quero sim, Martha, pois se o que imagino for positivo, acho que não vou suportar, e necessitarei de alguém ao meu lado, ou serei capaz de cometer uma loucura.

– Tenha calma – diz Martha –, o que está feito está feito, e agora vamos torcer para que tudo se resolva, certo? Eu irei com você e vou estar ao seu lado para qualquer coisa.

– Obrigada. Ainda bem que tenho você, pois não sei o que seria de mim se não pudesse abrir meu coração com alguém.

– Laura, você tem de contar para sua mãe. Ela vai apoiá-la, com certeza.

– Por hora, não quero que ninguém saiba. Ainda não sei o que farei com esta situação, então, é melhor que ela não saiba.

– O que pretende fazer, Laura, se for confirmada a gravidez?

– Não sei. No momento, só quero esquecer este episódio, mas, se for confirmada, acho que vou fazer um aborto. Estou muito confusa ainda, pois sei que isso é pecado, mas enfrentar minha família e a sociedade não vai ser tarefa fácil, e ainda com o risco de ter sido infectada por aquele canalha. E aí eu pergunto: qual é o risco que tenho, ficando com este ser que está aqui dentro e, talvez, infectada? Estou à beira de um colapso!

Martha a abraça, tentando confortá-la, e diz:

– Tenha fé, minha amiga, muita fé em Deus, para que tome a decisão certa e não se arrependa mais tarde. Mas ainda acho que deve pedir o apoio à sua família. A verdade não será fácil de contar, mas é preciso. Sua mãe é muito boa, não vai julgá-la, e seus irmãos também. Por mais que você não goste de Dalton, ele é uma pessoa do bem, gosta e se preocupa muito com você e com seu irmão Berto.

– Isso é outra conversa. Por enquanto, vou me concentrar neste problema real que estou passando. Sabe, Martha, sempre fui uma pessoa descrente de religião, até chamei meu irmão de macumbeiro por ele ser espírita, nunca fui religiosa, nunca frequentei igreja alguma. Mas, pela primeira vez na minha vida, estou sentindo falta de Deus. Não sei se Ele vai me perdoar, mas vou tentar me aproximar um pouco mais. Quem sabe Ele tenha piedade de mim.

– Que bom! Sempre é tempo de mudar, minha amiga, e é quando nos vemos sem saída que a fé floresce. Não desanime, vá em frente, e terá a certeza de que Deus não desampara ninguém, por pior que tenham sido suas faltas. Basta querer de coração!

– Nossa! Não sabia que você era religiosa assim – diz Laura.

– Não sou fanática, mas creio em Deus de todo o meu coração! Não sou praticante de religião, mas confesso que a Espiritualidade de seu irmão me fascina, e a namorada dele já me convidou várias vezes para ir ao Centro Espírita com ela. Ainda não fui, mas está por pouco para que eu me decida por essa doutrina tão pura e edificante, que eles ensinam lá.

Laura se espanta.

– Não creio que esteja pensando assim. Você, tão inteligente, está me parecendo fascinada por essa religião. Por quê? Poderia me dizer?

Martha a olha com carinho e responde, com convicção nas palavras:

– Laura, Deus é único, e Seu amor por nós também o é. Não importa o nome que deem a essa doutrina, apenas acredito muito no que eles ensinam e na maneira como nos passam uma tranquilidade, que eu ainda não encontrei em lugar algum. E olhe que eu já visitei muitas igrejas e já li bastante sobre muitas religiões, e nada se iguala a esse ensinamento espírita. E lhe digo mais: eu irei, sim, com Miriam visitar o Centro Espírita e, se gostar, não sairei mais, porque já é passada a hora de me aproximar mais de Deus!

Laura está pasma com a explicação da amiga.

– Você é quem sabe, não é mesmo? Quem sou eu para dizer o contrário se não sou praticante de nada.

E continuam a conversar até que Cecília as chama para tomar um lanche.

25

No dia seguinte, à hora marcada, Laura e Martha estão no consultório médico, e, quando a secretária a chama para a consulta, a moça sente-se estremecer, seu coração parece que vai saltar para fora do peito, e diz à amiga:

– Deseje-me boa sorte!

– Que Deus a acompanhe e lhe dê muita sorte! – deseja Martha.

Terminada a consulta, Laura sai pálida, com as pernas trêmulas, e diz à amiga:

– E agora? O que faço? – e desaba em um choro de dor e angústia.

Martha a ajuda a sair do consultório e somente agora lhe responde:

– Você terá de pôr a cabeça no lugar e pensar

muito no que quer fazer. Não tome decisões que possa vir a se arrepender. E agora terá de contar a sua mãe, queira você ou não.

Laura chora muito e quase não consegue falar, até que, tomando forças, desabafa:

– O que fiz da minha vida? Por uma idiotice e imaturidade, coloquei-a em risco e não estou me referindo só a minha, mas também desta pobre criança, que não tem nada com isso, e também se encontra em risco. O que poderá acontecer agora? Tudo de ruim já me aconteceu e, o pior, por obra minha mesmo!

Martha tenta consolá-la, mas em vão. Quando chegam em casa, Cecília a vê naquele estado e lhe pergunta, aflita:

– O que houve, Laura? Por que está chorando?

– Dona Cecília, não se preocupe – responde Martha –, mantenha-se calma. Laura está com um problema e vai precisar muito da senhora.

– O que está acontecendo, Laura? Pelo amor de Deus, diga-me! Seja lá o que for. Sou sua mãe e não pretendo julgá-la, só quero auxiliá-la, diga-me, filha.

Laura abraça a mãe e, chorando, pede-lhe:

– Perdoe-me, mãe! Perdoe-me se nunca quis ouvi-la, pois, hoje, estou vivendo o pior pesadelo da minha vida, e o pior de tudo é que a culpa é toda minha.

E a filha relata tudo à mãe que, aflita, exclama:

— Mas, Laura, como pôde fazer isso? Você já é adulta o suficiente para saber que não deveria aceitar a ajuda de um estranho. Mas agora não adianta mais ficarmos nos lamentando, não é mesmo? Diga-me: o que pretende fazer agora?

— Não sei, mamãe, não sei mesmo, só sei que o problema está aí, e eu tenho que raciocinar.

— Não está pensando em praticar um aborto, está? – indigna-se a mãe com a possibilidade de a filha estar pensando nisso.

— Talvez, não sei o que será dessa criança. Preciso fazer um exame para saber se não estou infectada, já que nem conheço esse homem. Se isso se confirmar, talvez essa criança nasça cheia de problemas, doente. Somente depois, irei pensar o que fazer.

Cecília está paralisada diante daquela conversa da filha. Respira fundo e conclui:

— É... agora não tem mais jeito, e só nos resta rezar e pedir a Deus compaixão pelos seus erros. Mas não vou desampará-la, Laura, pode confiar em mim, e espero que tome a decisão de ter esse bebê. Um neto seria a melhor coisa que poderia acontecer agora, mesmo que seja nessas condições. Por isso, pense bem em tudo, com muita calma, e vamos resolver juntas daqui para a frente, está bem?

Laura chora muito, abraçada à mãe, e Martha se sente aliviada. A amiga, enfim, tinha o apoio da mãe para auxiliá-la nessa difícil decisão que teria de tomar.

Quando Dalton chega em casa, Cecília corre ao seu encontro, dizendo:

– Meu filho, estava ansiosa por sua chegada.

– O que houve, mamãe? Aconteceu alguma coisa?

– Sim. Com Laura, meu filho. Sente-se aí, vou lhe contar toda a história, que me deixou apavorada.

E conta-lhe todo o drama em que Laura se meteu, deixando Dalton perplexo.

– Mas como Laura deixou isso acontecer, mamãe? Como ela pode ser tão irresponsável e sem nenhum juízo? Nem parece que já é uma mulher adulta. Age como se fosse uma garotinha sem malícia. Mas agora está feito, e o que temos a fazer é apoiá-la. Não devemos julgá-la. Ela sabe bem o que fez e, agora, terá de arcar com as consequências que, por sinal, poderão ser bem drásticas! Mas não se preocupe, vou ter uma conversa com ela, e agora será diferente nosso papo. Vai me ouvir e vai fazer exatamente o que eu lhe mandar. Se agir como uma garotinha, vai se ver como tal! E ai dela se tentar me desobedecer! Se papai estivesse aqui, talvez lhe desse uma surra, se bem que era o que merecia mesmo. Mas agora vamos nos acalmar e tentar fazê-la se acalmar também, para que não tome nenhuma decisão impensada! Pode deixar, mamãe, que, de agora em diante, vou tomar as rédeas desta casa, começando por Laura. E Berto que me aguarde também!

– Como suas palavras, e sua decisão, deixam-me feliz, meu filho. O que seria de mim sem você? Graças a Deus, tenho você ao meu lado – e o abraça com força.

Dalton sobe ao quarto de Laura, bate à porta e entra. A moça está com os olhos inchados de tanto chorar e, com um ar distante, nem liga que o irmão entrou sem ser convidado.

– O que lhe aconteceu, minha irmã, tinha de acontecer. Você só foi negligente com sua conduta, quis vingar-se das consequências da sentença e acabou arrumando outras. Mas não se preocupe, vou cuidar de você e não vou deixar que nada lhe aconteça, mas vai ser preciso que me ouça e me obedeça, para não cair no escândalo novamente, está bem?

Laura o olha de cima a baixo e lhe diz:

— Não quero sua piedade, nem sua ajuda. Se não fosse você, nada teria acontecido. Você foi o culpado de tudo isso que me aconteceu e pare de bancar o irmãozinho caridoso, pois não preciso de você para nada.

Dalton a pega pelos ombros e fala com autoridade:

— Escute aqui, garota mimada, não vou mais tolerar seus insultos insanos, está bem? Você não está em condição de se manifestar contra a ajuda que lhe ofereço e, por isso mesmo, fique calminha e seja muito madura daqui para a frente, pois sua condição de mimada e dondoca acabou. De agora em diante, vai ficar boazinha, pois é sua vida que está em jogo. Não é a minha que está correndo sério risco de morte, sua tola, e, se não se cuidar e aceitar a minha ajuda e o apoio que estamos lhe dando, vai ficar na pior. E isso eu não quero, está entendendo? Eu amo você, como amo Berto, e não quero vê-los sofrendo, será que é difícil entender isso?! Será que podemos ter paz aqui em casa? Por que quer guerra comigo, se podemos viver em paz? Sou seu irmão e nunca fiz qualquer coisa para magoá-la ou feri-la! Vamos começar uma vida de harmonia e paz. Quero ajudá-la, Laura, mas precisa me aceitar, precisa baixar a guarda.

Laura o olha firme e, profundamente impressionada e tocada pelas palavras do irmão, pronuncia-se com humildade:

– Perdoe-me, sou mesmo uma burra e inconsequente. Perdoe-me se puder, por favor – e começa a chorar novamente.

Dalton a abraça e lhe fala mansamente:

– Fique tranquila, que vou ajudá-la a sair dessa situação em que se encontra, mas terá que ser forte e madura o suficiente para arcar com toda consequência que vier daqui para a frente. Primeiramente, vou levá-la aos melhores especialistas em infectologia, para, se for o caso, tratarmos de início, e vou pedir a Deus, vou implorar, para que olhe por você e por esse pequeno ser que aí está. Nada de pânico, está bem? Tente relaxar e comece a rezar e pedir a Deus misericórdia, que tudo vai ficar bem. Agora, descanse um pouco, tente dormir, pois está com uma aparência péssima. Não desista, lute, tenha fé, que tudo ainda vai ter seu lado bom, você vai ver! – e a ajuda a se deitar, dizendo:

– Vou pedir para mamãe lhe trazer algo para comer, está bem?

Laura só acena com a cabeça, afirmativamente, e Dalton sai, fechando a porta.

Na cozinha, Cecília está aflita:

– Então, meu filho, como foi a conversa?

– Melhor do que eu esperava, mamãe. Graças a Deus, ela baixou a crista, e até me pediu perdão. Estou aliviado e chego até a agradecer a Deus por essa desgraça toda, pois, muitas vezes, só na dor é que vemos o amor das pessoas. É na dor que deixamos nossos rancores e nossos desafetos para trás, e começamos a galgar o espaço que nos é de direito. É assim que iniciamos a nossa purificação para a entrada no reino do Senhor. E isto que acontece com Laura é uma prova viva, mamãe. Foi preciso chegar ao fundo do poço para começar a ver a luz! Graças a Deus! Agora vamos cuidar dela, com carinho, pois vai ficar abalada e pode vir a fazer uma bobagem. Temos de ficar de olho nela. Disse-lhe que vou procurar pelos melhores especialistas para sua recuperação, tanto física como emocional.

Cecília está feliz e agradece:

– Graças a Deus, filho, graças a Deus! Vou cuidar dela direitinho, pode deixar.

– E Berto, por onde anda? – pergunta Dalton. – Faz tempo que não o vejo. Quando chego, ele já saiu, quando saio, está dormindo! A senhora sabe o que ele anda fazendo? Tem falado com ele?

Cecília se entristece.

– Todos esses problemas com a Laura, e até relaxei no diálogo com seu irmão, mesmo porque, ele está distante, não fala mais nem com a Laura. Era tão companheiro dela! Quando pergunto alguma coisa, responde rispidamente e vai embora, mas, agora, devemos nos preocupar com a Laura, que é um caso mais sério, depois resolveremos o problema do Berto, está bem?

– Não sei, não, mamãe. Esse garoto deve estar aprontando. A senhora tem dado dinheiro a ele?

– Um pouco, por quê?

– Não é por nada, não, é só para saber, mas fique tranquila que vou ficar de olho nele. Ele que me aguarde! Agora vou sair com Miriam, porque também sou filho de Deus e mereço um pouco de amor e paz – beija a mãe e sai, deixando Cecília entregue aos seus pensamentos.

26

Berto está com os amigos, alheio ao problema da irmã. O que quer mesmo é estar ali, naquele lugar infestado de irmãos das trevas, todos brigando para se apoderarem de jovens como ele, descuidados e inconsequentes, que nem imaginam o mal que estão fazendo a si próprios e que o vício do álcool e das drogas destroem o Espírito, lançando-os ao mais profundo dos abismos e, quando se dão conta do estrago que fizeram, já é tarde demais. E a volta à vida normal requer grande dose de força de vontade e muita fé no Criador. E, se não tiverem o apoio da família, é apenas uma questão de tempo para estarem perdidos e envoltos na escuridão. Raramente conseguem sozinhos, necessitam de ajuda e de muita perseverança. Deus não quer que um filho Seu se perca, mas é preciso crer, é preciso suporte, e é preciso amor e compreensão, tanto da parte deles próprios como da família. Dizer que não tem mais jeito é a fuga mais fácil, dizer que fizeram de tudo é mais fácil ainda. Mas lembrem-se, irmãos, é preciso construir um alicerce forte para que a casa não caia, e é assim igualmente com nossas crianças. Se tiverem um alicerce bem feito, nada ruirá, mas, se for construído sem amor e carinho, qualquer vento, por mais fraco que seja, o destruirá, e a reconstrução será dolorida, e com muitas lágrimas.

Todo amor e carinho dedicados, e sob medida, construirão uma criatura confiante e sem culpa por não ter cumprido sua jornada na experiência carnal.

Berto está se consumindo, dia após dia, e sua aura já está tão nebulosa e escura que não consegue mais se centrar na realidade, somente se satisfazendo com aqueles produtos tóxicos, que o envenenam tão rapidamente, que, se tivesse noção, veria que sua alma está preta como a fumaça expirada dos produtos químicos. Mas se ilude com isso e se prejudica.

Rafael, seu parceiro, pergunta-lhe:

– E aí, camarada, trouxe grana hoje?

– Não. Minha mãe está ocupada com a idiota da minha irmã, nem ligou para mim.

– E agora? Vamos ficar sem as paradas hoje?

Porque eu também não tenho. O que faremos? A menos que...

— Isso não! – diz Berto. – Não quero me envolver com a polícia!

— Não vai querer cair fora, vai? Você está comigo ou não está? E não vai acontecer nada, não! É só uma corridinha até o posto de combustível. Aqueles idiotas já são fregueses! Não irão reagir, e, mesmo porque, só vamos pegar o dinheiro do frentista. Vamos lá, cara? Vai ser legal! Você só fica cuidando, que eu faço o resto!

— Não sei, não, Rafa. Estou com pressentimento ruim! E se der errado, e nós formos presos? Daí que eu quero ver, quem vai nos tirar de lá? Meu irmão vai me crucificar, e com razão!

— O que é, meu chapa? Está com medo do maninho, *tá*? Você é homem ou é moleque, que precisa ser cuidado pelo irmão mais velho? Vai fugir para o colinho dele?

E tanto Rafael o insulta, que Berto acaba concordando com ele:

— Está bem, vamos lá, mas só hoje. Amanhã trarei dinheiro.

— Então, vamos logo – diz Rafael, enquanto

sobem na moto de Berto e partem para realizar o combinado.

Berto está aflito, pois nunca fizera isso. Está com medo, mas, mesmo assim, acompanha o amigo. Chegando ao local, Rafa lhe dá a ordem:

– Você fica aqui, com a moto ligada, e não vá vacilar, hein?! Vou pegar o dinheiro e sair correndo, e você tem de estar pronto para acelerar essa moto, entendeu?

Berto está confuso, mas agora é tarde demais para se arrepender e diz:

– Pode deixar, vou estar pronto, vai lá.

Rafael sai com o capacete na cabeça e parte em direção ao frentista.

– Isto é um assalto! Não quero machucá-lo, quero só o dinheiro! Vamos lá, rápido senão eu atiro!

O pobre rapaz fica sem reação e logo entrega o dinheiro ao assaltante, que corre em direção a Berto. Sobe na garupa e grita:

– Vai, vai rápido!

Mas como a motocicleta de Berto é bastante conhecida, o frentista a reconhece e avisa o delegado.

Logo, o Dr. Geraldo vai até onde os jovens viciados costumam se reunir e vê Berto e Rafael em um canto bem solitário, fazendo uso daquilo que achavam o prazer eterno.

O Delegado chega bem próximo aos dois e diz:

— Vocês dois aí! Acompanhem-me até a delegacia. Numa boa. Preciso averiguar uma denúncia sobre um assalto ao posto de combustível.

Berto começa a gaguejar e diz:

— Não fizemos nada, doutor!

— Isso nós vamos ver. Vamos andando, sem retrucar!

Rafael tenta convencer o delegado, mas em vão, então, pede para ir ao banheiro primeiro, o que lhe é negado pelo policial, que lhe diz:

— Está com medo, moleque? – e chama um dos policiais para revistá-lo. E ele tenta correr, mas é impedido, revistado e, com ele, é encontrada uma arma de brinquedo e grande quantidade de drogas. Agora não tinha mais volta, foram levados até a delegacia e ficaram à disposição da justiça. O que Berto temia acontecera. Não dera ouvidos à sua intuição, deixara-se levar pela falsa sensação do prazer e do vício. Não enxergara nada além disso, e as consequências agora seriam drásticas!

Berto fica calado, não faz nada, apenas fica encolhido como um bicho acuado.

Então, o Dr. Geraldo lhe pergunta:

– Diga-me, Humberto, por que se meteu nessa enrascada? Sua família tem passado por tanta desgraça ultimamente, e você não ajudou muito, não é mesmo?

Berto não responde. Então, o delegado lhe diz:

– Vou avisar seu irmão para ver se ele consegue um advogado para você, porque vai precisar de um bom. O flagrante é muito grave, e eu não posso fazer nada.

E sai, deixando o rapaz paralisado ali, no cantinho de uma cela fria. Seu amigo Rafael estava em outra cela, para que não se comunicassem.

Geraldo liga para Dalton e relata que prendeu Berto, pois foi visto participando de um assalto e com seu companheiro foram encontrados vários papelotes de droga química, e que o flagrante agravava muito a sua situação.

Dalton, que estava em companhia da namorada Miriam, que é uma advogada excelente, corre até a delegacia. Ao entrar, sente um calafrio percorrer-lhe o corpo e para na antessala, dizendo a Miriam:

– Nossa! Que coisa horrível senti agora! Pareceu-me ter sido cercado por algo muito ruim. O que será isso, Miriam?

Miriam o abraça e lhe explica:

– Você é especial, meu amor, e sabe que os irmãos das trevas fazem plantão aqui, e o que sentiu foi a sintonia do mal. Seja forte, concentre-se somente na Bondade Divina e peça ajuda ao seu guardião, para que Espíritos inferiores não o influenciem. Vamos lá ver seu irmão, que deve estar apavorado!

– Você tem razão. Vamos lá ver esse irresponsável, e ver também o que podemos fazer.

Quando o delegado o chama para vir conversar com o irmão, Berto se põe a chorar:

– Não quero vê-lo! Deixe-me aqui, por favor! Não quero falar com ele, e com ninguém.

– Escuta, meu caro amigo, aqui você não tem querer, não! Vai falar sim, quer você queira ou não! Vamos lá, e rápido!

Berto se levanta e, cabisbaixo, acompanha-o até onde estão Dalton e Miriam. Entra na sala com a cabeça baixa e nada diz. Então, Dalton se levanta.

– Não foi por falta de lhe avisar que sua irresponsabilidade daria nisso, não é mesmo? Mas agora o que nos resta é tentar livrá-lo dessa! Miriam vai assessorá-lo, mas, por hora, vai ter de ficar, até que tudo se resolva.

– Por favor – implora o rapaz. – Tire-me daqui!

— Não vai ser possível agora — informa-o Miriam. Você foi enquadrado em flagrante de delito, e isso não tem fiança. Mas fique tranquilo, pois, amanhã mesmo, entro com o pedido para que responda o processo em liberdade, já que é réu primário. Mas hoje terá de ficar aqui.

Berto se revolta.

— Quero ir embora! Não quero dormir aqui, por favor! — e chora, deixando Miriam com o coração apertado.

— Vai ser bom para você, a fim de repensar sua vida — fala Dalton —, pois não precisava disso tudo, mas não sabe dar valor! Quem sabe uns dias trancado o faça pensar. Se não pensa em você, pense na mamãe, que está sofrendo muito com tudo isso, e sem contar que ela ainda nem sabe do ocorrido. Nem sei como irei lhe contar. E, se acha que vou passar a mão na sua cabeça e fazer de conta que nada aconteceu, pode esquecer! Você já é adulto e sabe o que quer. E foi isto que plantou. Agora, queira ou não, vai colher sua safra de sofrimentos e também não vou ficar lhe dando sermões porque de nada vai adiantar. O que está feito está feito, e agora só nos resta tratar dos trâmites necessários para libertá-lo.

Berto implora para não ficar ali, mas não tem jeito, e é levado novamente à cela fria e solitária.

27

DALTON E MIRIAM CONVERSAM COM O DELEGADO E deixam tudo certo para o dia seguinte, pois àquela hora da noite nada poderia ser resolvido. Vão embora e, chegando em casa, vão dar a notícia a Cecília, que se desespera mais uma vez:

– Meu Deus do Céu, o que foi que fiz de errado com esses dois? Como foi que errei tanto, para agirem assim?

Dalton a consola, dizendo que não é culpa dela e que o que fazemos faz parte de um passado, que é refletido no presente. Que, se não formos vigilantes e determinados, o passado nos envolve em torturas vividas ou problemas mal resolvidos que deixamos em vidas pretéritas, e que todo esse sofrimento só faz com que purifiquemos os nossos erros E que tudo irá se resolver, basta acreditar e ter fé em Deus, que tudo sabe.

Cecília ouve em silêncio, mas seu sofrimento é muito grande.

— Você é um anjo, meu filho, mas eu não creio nisso. Acho que foram mimados demais, e a culpa é minha, só minha. Se tivesse tido mais rigor com eles, talvez a história fosse outra!

— Mamãe, desespero agora só vai piorar as coisas. Vamos orar e pedir a Deus misericórdia. Amanhã será outro dia, e Berto estará aqui, pode acreditar.

Ficam conversando um pouco e Miriam vai embora, pois tem que preparar o processo de Berto, referente à sua soltura.

Dalton vai dormir e pede que a mãe faça o mesmo, pois necessitam descansar um pouco.

Faz suas orações, como de costume, e roga a Deus para que o auxilie nesta jornada tão difícil pela qual está passando junto à família. Mal adormece, e lá está Odair à sua espera, dizendo:

— Seja bem-vindo, meu jovem, estávamos à sua espera. Seu trabalho vai começar, meu amigo. Venha, que temos pressa.

— Aonde iremos, Odair?

— Primeiramente vou levá-lo para visitar seu

irmão na prisão, e lá já está uma pessoa que vai deixá-lo muito feliz!

Dalton está curioso, mas o acompanha sem perguntas, e logo estão diante da cadeia onde Berto se encontra. Quando entram no recinto, são logo recebidos por seu Joaquim, que corre ao encontro do filho e o abraça.

– Que bom vê-lo, meu filho! Que Deus o abençoe!

Dalton está radiante.

– Que felicidade, meu pai, que felicidade vê-lo bem – e o abraça muito, até que Odair os interrompe:

– Amigos, temos pressa, vamos ver nosso irmãozinho, que está sofrendo muito. E os dois o acompanham até a cela de Berto. Quando chegam, ficam pasmos com a visão horrível e lastimável de ver todos aqueles jovens Espíritos ao seu lado, tentando reanimá-lo a qualquer custo.

Dalton tenta correr, mas é impedido por Odair.

– Eles não conseguem vê-lo, meu filho, pois estão em outra sintonia. O que precisamos fazer é orar e vibrar em benefício desses irmãos desamparados e despreparados.

E começam a orar e a vibrar em benefício deles. Nesse momento, começam a chegar muitos irmãos de luz, clareando aquela cela escura com suas luzes, fazendo com que aqueles jovens se afastem dali, deixando Berto em paz. Então, seu Joaquim se aproxima do filho, que geme e chora, e lhe fala:

— Humberto, meu filho, está me ouvindo? — e o chama várias vezes, até que o rapaz adormece e, em Espírito, levanta-se meio cambaleante e, ao ver o pai, agarra-o com força, exclamando:

— Papai, o senhor está aqui! Como isso é possível?! Devo estar sonhando!

— Você não está sonhando, meu filho. Enquanto seu corpo descansa, você, Espírito, encontra-se aqui no Plano Espiritual. Seu irmão Dalton e também Odair, o mentor dele, vieram aqui para ajudá-lo.

Berto conta tudo ao pai e diz que não queria ter se envolvido nisso, mas, quando se deu conta, já era tarde demais. Então, Odair lhe diz:

— Sabe, Berto, talvez não possa entender muito bem, mas você já fez exatamente o que está fazendo agora. E desencarnou numa prisão, devido a uma briga entre presos. Sua revolta foi tanta, que não conseguiu se livrar das angústias que viveu em outra existência e, devido à sua falta de vigilância e de uma crença convicta, deixou-se levar pelas trevas novamente. Precisa se libertar urgentemente dessa condição em que se meteu, pois é sua vida que está em jogo, meu filho! Precisa se aproximar de Deus, pois só Ele poderá salvá-lo deste caminho obscuro em que se encontra. Precisa aceitar que Jesus seja Seu mestre em todas as lições que viver daqui para a frente! Este irmão, que está com você nesta existência, é um grande amigo e trabalhador do Plano Espiritual e vai auxiliá-lo muito.

– Mas por que eu e Laura o odiamos tanto, se esse nosso irmão quer nos ajudar, tão amoroso que é? Por quê?

Dalton se achega e o abraça, dizendo:

– Isso faz parte da vida, meu irmão. Você e Laura não queriam vir para mais uma oportunidade carnal, e eu interferi nessa decisão, para que conseguissem se reabilitar de suas faltas e, assim, pudessem ser felizes. E todo esse ódio veio junto com vocês, além do ciúme, por papai ter por mim tanta admiração, pois sabiam que eu não fazia parte do círculo consanguíneo dessa família. Eu vim somente para ajudar. Minha missão é somente promover a paz e a harmonia. Eu e papai somos grandes amigos de longa data e, sempre que somos autorizados, estamos juntos. Às vezes como parentes, às vezes somente como amigos, mas amigos leais, que deixamos os nossos planos para viver em auxílio a outros irmãos, para que se libertem dos erros e das faltas que cometeram neste mundo de ilusões. Mas somos felizes assim, pois Deus nos permite muitas glórias, essa é a nossa maior alegria.

Berto só ouve, não entende muito, mas está contente. Aos poucos, vai começando a assimilar os ensinamentos e talvez comece a empreender uma caminhada rumo à vitória, sobre o mal que agora o assola. Conversam por horas, até que Odair informa ter terminado o horário, pois logo o dia iria raiar. Despedem-se de Berto, que fica muito triste em ver o pai partir.

– Vou voltar a ver o senhor?

– Sim – responde seu Joaquim –, nos encontraremos toda vez que me for permitido. Mas fique tranquilo, meu filho, e saiba que, apesar de não se lembrar de tudo o que ouviu, ao acordar, as lições ficarão gravadas em sua consciência. Fique com Deus, e que Jesus o abençoe e o siga bem de perto.

E, beijando-o na face, vai embora, seguido por Dalton e Odair.

28

Quando Berto acorda, sente uma grande paz e tenta se recordar do sonho, mas o que recorda é que sonhara com o pai, pedindo-lhe que se aproxime de Deus. Fica pensando e repensando por horas, até que o Dr. Geraldo o chama, para ir falar com Miriam, que está a sua espera. Berto conversa com a advogada e diz que quer sair de lá urgentemente. Mas Miriam lhe diz que precisa ter um pouco de paciência, que o pedido já foi entregue ao juiz, e que terá de esperar até que a ordem de soltura chegue.

Berto não se conforma.

– Não acredito que vou ter que ficar aqui mais um dia... Não vou suportar.

– Calma, Berto – pede Miriam –, as coisas não são assim tão fáceis de resolver, a justiça é lenta, e o juiz não quer nem saber se você suporta ou não. Para ele, você é um delinquente como outro qualquer. Então, acalme-se, que tudo se resolverá, mas tem que esperar, está bem?

Berto desfere um soco na mesa.

— Se você é competente, como diz, então prove, e o mais rápido possível. Só assim vou acreditar em você. Aliás, aproveite essa sua "competência" para tirar meu amigo daqui também.

— Seu amigo, Berto, está mais enrolado do que você, pois foi ele quem praticou o assalto. Você foi cúmplice, mas não o praticante, então não me peça isso. Ele terá de arrumar outro advogado.

Berto se levanta e diz:

— Seja rápida, cunhadinha! — e volta para a sua cela.

Berto espera ansiosamente pela liberdade, e, à tarde, vem a notícia de que ele só sairá no dia seguinte. O rapaz se revolta, chuta a parede, grita, mas terá de dormir ali novamente.

Dalton se empenha para resolver tudo, tem a empresa para cuidar, a irmã, que está passando por mais momentos difíceis, e agora Berto. Apesar de bastante cansado, ele não desiste e faz tudo para que a família se harmonize.

Já marcara os médicos para Laura, e agora era

torcer para que nada de mal viesse a prejudicar aquela criança que estava chegando.

Berto, enfim, é libertado e vai para casa. Cecília o aguarda ansiosamente e o abraça, dizendo:

– Que bom ver você, meu filho. Você está bem? Fizeram-lhe algum mal lá na cadeia? Você se alimentou? – e o abraça e beija.

Berto nada diz. Apenas sobe para seu quarto, corre para a sua cama, e chora! A humilhação fora tão grande, assim como a vergonha que sentia. Fica imóvel ali por um bom tempo, até adormecer.

Amanhece o dia, Dalton já saiu, e Laura encontra-se trancada em seu quarto. Berto desce e pede à mãe:

– A senhora me perdoa? Sei que fui um inconsequente e sem juízo, mas, olhe, prometo que irei mudar. Vou voltar para a Faculdade e também voltarei a trabalhar, mesmo que seja em outro lugar, mais humilde! Mas preciso de dinheiro agora, vou precisar pagar a matrícula. A senhora me arruma?

Cecília está confusa, pois não sabe se ele está falando sério. Mas, se não acreditar, vai deixá-lo ainda mais deprimido, então, resolve:

– Vou confiar em você, filho. De quanto precisa? Mas tem que me prometer que não vai mais fazer nenhuma bobagem. Já me deu preocupação demais. Tem que se tratar e se cuidar! Como já lhe disse, a vida é um fiozinho de seda, e este, quando rompido, não se conserta mais! Então, peço-lhe, meu filho, tenha cuidado, está bem?

– Sim, mamãe, vou lhe surpreender, pode crer!

Cecília lhe dá o dinheiro com as melhores intenções, confiando nele.

Berto sai, roda pela cidade, passa em frente à Faculdade, para, pensa um pouco e vai embora. Roda um pouco mais, para em um bar e vê alguns colegas ali parados, sendo logo chamado para participar da conversa. Uns o cumprimentam e desejam bom retorno, outros zombam pelo fato de ter sido preso, e o chamam de "vacilão". Principalmente por isso, vai ficando deprimido e, então, parte novamente para aquele lugar onde passava horas em companhia de camaradas envolvidos no vício. Assim que chega, é convidado a entrar novamente na escuridão e se entrega, agora para valer. Quer desfrutar de tudo, abusa tanto de produtos químicos e álcool que começa a passar mal. O dono do lugar logo percebe o estado do jovem e o leva para fora, deixando-o na calçada. Se morrer ali, não vai se comprometer, e sai, fechando o estabelecimento.

Berto fica ali, agonizando, até que alguma alma

caridosa o encontre, e é quando um garoto passa pela rua e o vê, com a boca espumando e completamente imóvel. Corre chamar a mãe e, quando chega com ela no local, Berto já está começando a ficar roxo. A pobre senhora chama uma ambulância, que logo vem em seu socorro. E Berto é levado ao hospital em estado gravíssimo. É socorrido pelos médicos e uma overdose de drogas é diagnosticada, sendo que a sobrevivência seria somente por um milagre divino. A família é avisada e Dalton não acredita que o irmão fora capaz dessa covardia contra si próprio. Corre até o hospital e conversa com os médicos, que lhe informam que o estado dele é grave, e que só Deus poderia tirá-lo daquele estado, pois que o óbito seria inevitável.

Dalton chora e pergunta-se: "O que ele estaria pensando quando fez isso? Será que quis morrer ou foi para afogar sua vergonha do último acontecimento?".

O médico lhe informa que não tem conhecimento do motivo, já que Berto nada pôde dizer, tendo já chegado ao hospital inconsciente. E que agora somente restava rezar.

E é o que Dalton faz: "Senhor, tenha piedade desta alma em evolução, não permita que falhe com seus objetivos, proteja-o do mal que o assola. Perdoe suas faltas, pois ele ainda está em aprendizado e sofre com suas sombras do passado. Permita, Senhor, que ele ainda não parta para o exílio dos mortos, que sobreviva à dor e à agonia, que seu protetor não permita que ele pereça antes da remissão de suas culpas. Meu Deus de infinita bondade, perdoe-o e o traga de volta à experiência da matéria mais densa, afim de que possa assegurar, assim, a colheita de seus reais frutos de aperfeiçoamento espiritual. Que assim seja".

Terminada a sentida oração, vai ver Berto, que se encontra inerte numa cama, com aparelhos ligados à sua respiração, e chora.

– Meu pobre irmãozinho, por que tanta dor nessa alma? Por que tem de ser assim, meu Deus? Perdoe suas faltas, Senhor – e permanece ali com ele por alguns minutos.

Depois, vai até o Centro Espírita falar com o Sr. Nelson, enfim, tentar pedir socorro aos Espíritos.

– Senhor Nelson, necessito de uma reunião mediúnica extraordinária, com urgência! Meu irmão está morrendo, e eu preciso falar com o senhor Odair e com meu pai – e conta-lhe tudo.

Nelson, decidindo atender o amigo, entra em contato com todos os médiuns que realizam aquele trabalho no Centro e que possam ir, e, assim que chegam, o iniciam com uma prece. Dalton entra em transe e é logo atendido pelo mentor, que já o esperava juntamente com seu Joaquim, indo os três diretamente ao hospital. Ao chegarem, veem Berto ao lado do corpo, desesperado, e, então, quando vê o pai e os demais, começa a gritar:

— Pai, não quero morrer assim! Não sou suicida! O que foi que eu fiz?! Ajudem-me! Sou um fraco, um covarde, e quero reverter isto! O que faço?! Digam-me o que devo fazer! Farei qualquer coisa para, um dia, morrer com dignidade!

Seu Joaquim permanece muito sério e diz:

— Realmente, meu filho, você foi um fraco. Não devia ter voltado àquele lugar, mas agora não tem mais jeito. Terá de sofrer as consequências desse ato insano que praticou contra você mesmo! E terá de ser forte e determinado, bem como terá de ter muita fé para vencer esta prova pela qual irá passar. As sequelas serão inevitáveis na volta à carne! É isso o que o espera!

— Eu sei, papai, e prometo não esquecer jamais essas palavras! Prometo que, de agora em diante, serei mais vigilante com minha alma e não deixarei mais ninguém me envolver com as obras do mal!

Serei fiel a Deus e à minha família! Posso contar com você, meu irmão? Sei que irei precisar muito de você, para me salvar dessa agonia!

Dalton o abraça e lhe responde:

— Você pode contar comigo sempre! Mas terá de suportar dificuldades. Vai dar conta?

— Prometo, mas não me abandonem, pelo amor de Deus!

E os três, após orarem e vibrarem pela recuperação de Berto, despendem-se. Logo, Dalton retorna ao corpo físico e relata o acontecido. No hospital, Berto começa a dar sinal de melhora, deixando os médicos espantados, pois já o haviam dado como condenado. E os exames começam e, passados dois dias, Berto está recuperado. Mas as notícias não são as melhores, pois os médicos dizem que Berto ficará com sequelas e que talvez não tenha mais o controle de parte de seu corpo.

Enquanto Berto se recupera no hospital, Laura já fez todos os exames e, para sua felicidade, não foi infectada por nenhuma doença. Sua gravidez continua normalmente e já está aparecendo a barriga, que ela faz questão de mostrar a quem quiser ver. Seu trabalho comunitário está lhe trazendo muitas alegrias, pois está trabalhando em creches comunitárias e cuidando de crianças pobres, com muita alegria e satisfação.

Já está até pensando em abrir uma creche na empresa da família. Sabe que isso pode facilitar para as mulheres que lá trabalham, deixando as crianças bem cuidadas, no horário de serviço. Expõe seu plano a Dalton, que o aprova, achando a ideia maravilhosa.

– Mas é claro que sim, Laura. Isso é um trabalho muito bom e vai favorecer muita gente. Se puder tomar conta desse projeto, pode contar comigo! Será ótimo! – e trocam planos e planos até tarde da noite. Nem parecia mais aquela garota arrogante e maldosa de outrora. Laura estava diferente, pois aquela criança que esperava a fizera mudar totalmente, e, agora, ela seguia um novo caminho, para poder cumprir com êxito sua jornada de experiência.

Passados quinze dias do choque de Berto, finalmente ele sai do hospital e vai para casa, agora usuário de cadeira de rodas, porém, apesar de tudo, seu semblante é de felicidade. Sabe que irá passar por grandes dificuldades, mas está determinado a vencê-las com firmeza. As sessões de fisioterapia e os retornos ao médico seriam uma eterna romaria. Mas iria enfrentar com o coração sereno, pois só assim poderia se apresentar ao Plano Espiritual totalmente recuperado de suas faltas.

O tempo foi passando, e a normalidade voltou a reinar na família de seu Joaquim, que agora estava radiante com os acontecimentos.

A gravidez de Laura estava no final, faltando poucos dias para que seu filho viesse ao mundo, e, mesmo que as condições de sua fecundação estivessem longe de serem as mais desejadas, ele estaria cercado de amor e carinho. Pois fora o causador de toda a mudança na vida de Laura. Agora, ela se preparava para ser mãe! E é marcada a hora do parto, pois as contrações já estão evidentes. Cecília, Dalton, Miriam, Martha, todos se encontram ansiosos no corredor do hospital, até que o médico vem dar a notícia do nascimento e informa que é um belo e perfeito menino, saudável, e que ambos passam bem! Todos se abraçam e vão ver o mais novo membro da família. Laura está meio dormente ainda, com o bebê ao seu lado, uma visão que faz qualquer ser humano chorar. Dalton apanha o bebê nos braços e diz:

– Seja bem-vindo, meu sobrinho, que Deus o abençoe e lhe ofereça grandes alegrias neste mundo, que tenha saúde e que nos faça muito felizes também – sorri e entrega a criança à mãe, que o pega, chorando também de felicidade:

— Parem de babar no bebê, ele não vai fugir.
E todos riem, felizes.

Berto está se recuperando bem, já consegue formular frases, pois também adquirira dificuldades com a fala, e até dar os primeiros passos com o auxílio de um andador. Vai à fonoaudiologia, à fisioterapia, e sempre pede a Dalton que faça uma leitura de *O Evangelho Segundo o Espiritismo* para que ele escute com alegria.

Laura pôs em prática a construção da creche na fábrica, e seu bebê, que recebera o nome do avô, Joaquim, ou Quinzinho, como o chamam, também frequenta esse recanto de paz e amor, que Laura toma conta com toda a dedicação.

Cecília agora está feliz, mesmo correndo com o filho para todo lado, pois Berto ainda está dependente dela. Ela não reclama, pois sabe que seu papel nessa experiência não seria fácil, mas as glórias no final, com certeza, serão abençoadas e gratificantes.

Dalton agora é um assíduo frequentador dos

trabalhos espíritas. Encontra-se com o pai toda vez que precisa, inclusive na emancipação do corpo durante o sono físico. E tem trabalhado no auxílio a muitos jovens desviados do caminho do bem, trazendo muitos deles de volta à reabilitação das dores e da inconsequência praticada durante a vivência carnal. E se encontra muito feliz por isso. Já marcara seu casamento com Miriam para o próximo mês e irá dar uma grande festa para comemorar a volta da paz em seu lar. A festa será em sua casa, que estará aberta aos amigos e parentes, assim como ao seu Nelson e a todos os trabalhadores da casa espírita. E todos se sentem felizes por participar agora daquela paz, que só a Doutrina Espírita consegue trazer de volta.

No ano de 1963, Francisco Cândido Xavier ofereceu, a um grupo de voluntários, o entusiasmo e a tarefa de fundarem um Anuário Espírita. Nascia, então, o Instituto de Difusão Espírita - IDE, cujo nome e sigla foram também sugeridos por ele.

A partir daí, muitos títulos foram sendo editados, e o Instituto de Difusão Espírita, entidade assistencial sem fins lucrativos, mantém-se fiel à sua finalidade de divulgar a Doutrina Espírita através da IDE Editora, tendo como foco principal as Obras Básicas da Codificação, sempre a preços populares, além dos seus mais de 300 títulos em português e espanhol, muitos psicografados por Chico Xavier.

O Instituto de Difusão Espírita conta também com outras frentes de trabalho, voltadas à assistência e promoção social, como albergue noturno, acolhimento de migrantes, itinerantes, pessoas em situação de rua, acolhimento e fortalecimento de vínculos para mães e crianças, oficinas de gestantes, confecção de enxovais para recém-nascidos, fraldas descartáveis infantis e geriátricas, assistência à saúde e auxílio com cestas básicas, leite em pó, leite longa vida, para as famílias em situação de vulnerabilidade social, além dos trabalhos de evangelização infantil, mocidade espírita, artes (teatro, música, dança, artes plásticas e literatura), cursos doutrinários e passes.

Este e outros livros da **IDE Editora** subsidiam a manutenção do baixíssimo preço das **Obras Básicas**, **de Allan Kardec**, mais notadamente, "**O Evangelho Segundo o Espiritismo**", edição econômica.

ideeditora.com.br

*

Acesse e cadastre-se para receber
informações sobre nossos lançamentos.

twitter.com/ideeditora
facebook.com/ide.editora
editorial@ideeditora.com.br

ide

IDE Editora é apenas um nome fantasia utilizado pelo INSTITUTO DE DIFUSÃO ESPÍRITA, entidade sem fins lucrativos, que promove extenso programa de assistência social, e que detém os direitos autorais desta obra.